仲山進也

Nakayama Shinya

今いるメンバーで「大金星」を挙げるチームの法則

『ジャイアントキリング』の流儀

講談社

装幀：トサカデザイン（戸倉 巌、小酒保子）
著者エージェント：アップルシード・エージェンシー

カリスマ不在、エース不在でも、
今いるメンバーの化学反応によって
強くてワクワクするチームへの
変身が可能です。

「今のチームは最高だ！」と
思いたいのに、思えていない
中小企業の経営者や
大企業のマネージャーなど
あらゆるチームのリーダーで
次のような
「お悩み」がある方へ——

user's guide

- □「みんな一生懸命にやっているのに、うまくかみ合っていない」と感じる
- □ メンバーが指示待ちで、言われたことしかできない
- □ メンバーに任せるとサービスの質が下がるので、自分でやらざるを得ない
- □ 会社全体のことを考えているのは自分だけ。いつまで経っても〝右腕〟が育たない
- □「誰か自分たちをひっぱってくれる強いリーダーが現れないかな」と思っている
- □ 売上が下がっても、メンバーに危機感がない
- □ メンバーの頭数が増えたわりには、売上や利益が伸びない
- □ 人の入れ替わりが多くて大変だ
- □ 昔からいるメンバーと新しいメンバーの温度差が大きい
- □ 急激な成長や環境の変化に、メンバーがついていけていない
- □〝最近の若いヤツら〟はちょっと負荷がかかるとすぐ折れそうで、扱いに困る
- □「どこも自分の数字で精一杯だから、他部署の協力は得にくい」など、縦割りの弊害を感じる
- □「自分はリーダーとしてチームをひっぱっていくタイプではない」と思っている
- □「カリスマ性のある強いリーダーになろう」と努力しているが、難しい
- □ はれ物に触るようにしてしか、チームづくりが進められない

『ジャイキリ』が効きます。

user's guide

この本を手に取ってくださった方へ

★単なるマンガの解説本ではありません。この本のコンセプトは——

・「カリスマ的リーダーやエースがいなくても、今いるメンバーで大金星を挙げられるチームづくり」の普遍的シナリオを
・大人気マンガ『ジャイアントキリング』の名場面をケーススタディとして活用しながら
・主に経営者、チームリーダー、ビジネスパーソン向けに語ろう

という、ちょっとチャレンジングな試みです。

★大人気マンガ『ジャイアントキリング』とは——

「モーニング」（講談社）2007年6号から連載されているサッカーマンガ。主人公・達海《たつみ》猛《たけし》が「監督」である点が、ほかのスポーツマンガと大きく異なる。読み方次第でチームづくりの実践バイブルになるストーリー。

2010年にテレビアニメ化。略称は『ジャイキリ』。

本書のトリセツ

★本書における「ジャイアントキリング」とは――

「ジャイアントキリング」という言葉は、サッカースラングで「大金星」「大番狂わせ」のこと。弱小チームが強豪チームに勝つことをいいますが、本書ではより広く、**「まわりの期待値を超える成果を生み出すこと」**という意味で使っていきます。

※マンガの作品名を表す場合は『ジャイアントキリング』または『ジャイキリ』（二重かぎカッコ）。

こんな方に、役立ちます

★『ジャイキリ』を読んだことのない方、サッカーに興味のない方

ご心配は無用です。これは『ジャイキリ』読者向けの本」ではありません。

・ストーリーを知らない人でもわかるように、「ケーススタディ」としてマンガのシーンの詳細な説明をつけました。

・サッカーに詳しくない方でも理解していただけるよう、専門用語には解

説をつけました。

★『ジャイキリ』ファンの方

『ジャイキリ』の奥深い魅力を再発見できます。本書の原稿を読んだ『ジャイキリ』ファンの友人から、こんな声が届きました。

「この原稿読んでから『ジャイキリ』を読むと、最初に読んだ印象と違って、チームづくりの視点で読んじゃいますね。最初は気づかなかったけど、達海の言動一つひとつに深さを感じました」

★サッカーファン、そしてサッカーや他のスポーツの指導者の方

もしかすると、サッカーやチームスポーツの見方、指導方針が大きく変わることになるかもしれません。

サッカーが好きで、もし『ジャイキリ』未読の方がいらしたら、強く『ジャイキリ』と本書の併読をおすすめします。Jリーガーにも愛読者が多いのが『ジャイキリ』です。読まずにいるのはもったいなさすぎます。

本書のトリセツ

★チームづくりに興味がある方

本書は、チームビルディングファシリテーターの長尾《ながお》彰《あきら》氏と筆者が共同開発した「チームビルディングプログラム」の内容がベースになっています。**百数十社を超えるプログラム参加企業の実践事例をもとに、机上の空論ではなく本当に使える内容**だけを集めています。したがって、本書に出てくる「ある企業では」という事例は、すべて筆者のまわりで実際に起こったものです。

★著者プロフィールを見て、「ネットビジネス向けの本かな?」と思った方

本書は、ネットビジネス向けの本ではありません。私の仕事は、「楽天市場」に出店している全国の経営者や店長さん向けに、チームづくりのプログラムを提供する「楽天大学」の学長です。日々、活動を共にしている人の多くは中小企業の方々で、大企業の中間管理職の方も含まれます。

チームづくりをするにあたって、中小企業の経営者は「人を採用できる余裕はない」「優秀な人材なんてウチにはいない」と悩んでいます。大企業の中間管理職にある人の悩みは、「新人がほしいけど、ウチにはまわしてもらえない」「どこも自分の数字で精一杯だから、他部署の協力は得にくい」。

共通しているのは、ネットビジネスか否かにかかわらず、人の問題です。**どんなビジネスでもスポーツでも、「組織に関する問題や解決方法は普遍的」です。「今いるメンバーでなんとかせざるを得ないものの、結局、自分ががんばるしかない」と思っている方は、達海猛の流儀を学ぶことで、自分だけががんばらなくてよくなります。**

★本書の読み方

・チームづくりの普遍的シナリオとして「時系列」になっています。なるべく順番に読み進めてください。『ジャイキリ』のシーンも、ほぼストーリーの時系列の順番に出てきます。

・**手元に『ジャイキリ』がなくてもお楽しみいただけますが、おすすめは第1～4巻を読むこと。それだけで相当イメージがわきやすくなります！**

・それぞれの章の最後には、「まとめ」と「やってみよう」のコーナーがついています。自分が所属するグループやチームのメンバーと一緒に、「やってみよう」に書かれた項目を実行に移してみてください。効果は実証済みのものばかりです。

目◉次

第4章 生き物みたいなチーム

「勝ちたがってんなら、その想いをケンカしてでもすり合わせりゃいい。そうすりゃ相手の考えがわかる。それが次々広がって、チームっていうひとつの生き物になる」

おわりに 252

ケーススタディin『ジャイアントキリング』

はじめに

ある日、私のもとにひとつの段ボール箱が届きました。

友人からでした。

「あれ？　なにか送ったなんて聞いてないけど。なんだろう？」

箱を開けると、「チームづくりを語るなら必読でしょ」と書かれた手書きのメモとともに、17冊のマンガが入っていました。

タイトルには、『ＧＩＡＮＴ ＫＩＬＬＩＮＧ』（ジャイアントキリング）とあります。

そういえば、前に会ったとき、「サッカーの監督が主人公のマンガで、面白いのがある」とか言ってたな。

「でも、タイトルに〝ＫＩＬＬＩＮＧ〟なんてちょっと物騒な感じだな。軍隊式マネジメントっぽいストーリーだったらイヤだけど、彼が面白いと言うなら読んでみようか」
そう思ってページをめくり始めた私は、1巻を読み終わったとき……、主人公である監督・達海猛の言動にすっかり興味シンシンになっていました。

まずは選手たちの気持ちをグッとつかむ情熱的かつ論旨明快なプレゼンテーションをし、チームの雰囲気をよくしながら、うまくまとめていく。そのうえで、自分が得意とする戦術をチームに伝授し、与えた役割を徹底的にやり切らせる。結果が出たら活躍した選手をほめ、結果が出なければ叱咤激励して、さらにモチベーションを高めていく——。

……なんてことは一切やりません、達海は。

むしろまったく逆で、あえてチームに〝混乱〟を巻き起こすような練習を仕掛けます。
シーズン直前のキャンプ、初メニューで指示されたのは、

自習――

「自習――」

戸惑う選手とコーチングスタッフ。そのうち、仕切ろうとする選手が出てくるも、それに従わずに自分のやりたい練習を勝手に始める選手もいて、口論が勃発、チームの雰囲気は最悪に……と、こんなことが次から次へと起こっていきます。

しかし、それらの混乱を通して、選手たちは今まで見えていなかったことに気づき、考えもしていなかったことを考え始め、少しずつ行動が変わり始めて――。

そんなわけで、送られてきた17冊をむさぼるようにして読み終えたときには、「18巻はいつ出るのっ!?」と、すっかり達海に魅了されていたのでした。

これが、私と達海猛《たつみたけし》との
出会いです。

かくいう私は、全国の経営者や店長と呼ばれる人たち向けに、チームづくりのプログラムを提供する「楽天大学学長」という仕事をしています。10年以上にわたって直接、または間接的に経営をサポート・観察してきた企業は、3万社を超えます。

冒頭の「トリセツ」に掲げた「お悩み」は、そこで出てきたナマの問題意識です。

私には幸いなことに、「たまたま入った楽天という20人ほどのベンチャーな会社が、数年で数千人規模に成長した」という実体験があります。

子どものときに、身長が急激に伸びることによって膝が痛くなるような症状を「成長痛」と言いますが、会社組織の成長プロセスにも、さまざまな成長痛があります。それらに対処するため、「人や組織の成長」をテーマに扱う書籍などを数多く研究するうち、「あること」に気がつきました。

ある本に、「組織にはいくつかの成長ステージがあって、各ステージではこんな問題が発生する」といったことが書かれていたのですが、その問題のほとんどが「あぁ、ウチの会社でもそんなことがあった！」と思えることばかりだったのです。まるでもう、自分の日記を読み返しているような感覚でした。

それによって、「自分が身を置いているネット業界は変化のスピードが速いので、従来の会社だと30年くらいかけて上がっていく成長ステージを、数年でギュッと濃縮したようなかたちで体験できてしまったかもしれない」ということに気づいたのです。

それらの問題を乗り越えるにあたって、体感・体得してきたチームづくりの要諦をプログラム化したところ、その参加者から、プログラム終了後1～2年経ったあたりで、うれしい（ちょっとヘンな）報告が続々と届き始めました。

「メンバーに店長を譲ったら、売上が2倍になった」
「考える時間が増えたおかげで、利益が数倍になった」
「自分がいないと日常業務が回らなかったのに、今は何もしなくてよくなった」
「あれほどメンバーにイラッとしていたのがウソみたいに、素直に感謝できるようになった」
「会社のメンバーが、初めて自分（社長）の誕生日をみんなで祝ってくれた」
「何か問題が起こると、チームづくりのチャンスと思えてニヤニヤしちゃう」
「繁忙期に雇っているパートさんの離職率が下がった」
「お客さんとの距離感（絆）が、妙に近く（強く）なってきた」
「会社の雰囲気が明るくなって、仕事が楽しくてたまらなくなった」

なかには、「夫婦ゲンカをしなくなった」というものもあります。その人曰《いわ》く、「夫婦もチームだもんね」。

ちなみに、私に『ジャイキリ』を送ってきてくれたのは、そのプログラムの参加メンバーの一人です。

驚いたのは、そのプログラムで使っているフレームワークに照らしながら『ジャイキリ』を読むと、ピッタリあてはまるシーンがてんこ盛りだったことです。

一見、非常識きわまりない達海の行動の一つひとつが、私から見るとチームづくりの理論に沿った、きわめてロジカルなふるまいに映ります。

「すごい！　このマンガを教科書にしてチームづくりを語れたら、めちゃめちゃわかりやすくなる！」

感動した私は、プログラム参加メンバーをはじめ、まわりにいる経営者やリーダーに『ジャイキリ』をすすめまくりました。

さらにその感動を一人でも多くの人と共有したいと思っていたところ、なんと幸運にも『ジャイキリ』の出版元である講談社さんから本書の企画が舞い込んできたのでした。

この本は、「監督・達海猛の流儀」を素材に、一見奇抜に思える彼の言動のウラにどういう思考プロセスがあるのかを探りつつ、チームづくりの視点を体系的に共有しようとする試みです。

より具体的には、

◉カリスマ的リーダーやエースがいなくても、
◉今いるメンバーで、
◉まわりの期待値を超える成果を生み出す（＝ジャイアントキリングを起こせる）チームをつくる

ための「あり方・やり方」を考えていきます。

本書によって、ひとつでも多くのグループが「真のチーム」に成長し、夢中で仕事をする人が増えて、世の中がさらに元気になる――そんなきっかけがつくれたら幸いです。

今いるメンバーで、まわりの期待を超える（ジャイアントキリングを起こせる）チームをつくるには

ケーススタディ①

達海はなぜ、就任早々、チームワークにゆさぶりをかけるような練習をするのか？

『ジャイキリ』の主人公である達海猛は、海外でアマチュアクラブの監督をしています。そして、世界的な大会でプロクラブを破るという「ジャイアントキリング」を起こし、ホームタウンに凱旋するところから物語が始まります。

達海は、たった3年でチームをそこまで導いた、町の英雄なのでした。

なぜウチのチームでは『ジャイキリ』のようなドラマが起こらないのか？

海外のアマチュアクラブを率いて、世界的な大会でプロクラブを破る「ジャイアントキリング」を起こした達海猛。サポーターに肩車されながらホームタウンに凱旋する（第1巻#01）。

その達海が、日本のプロサッカークラブ「ETU」の監督に就任します。

最初の練習は、30メートル走のタイム計測。

これをなんと45分間も繰り返します。そのタイムをもとに、「レギュラー候補組」と「サブ候補組」に分け、紅白戦が始まります。

しかし、レギュラー候補組に入ったのは、若手ばかり。キャプテンであり、「ミスターETU」と呼ばれているベテラン村越《むらこし》選手がサブ組にされたことで、チーム内に動揺が走ります。

そして、若手中心の「レギュラー候補組」の采配を振る達海には、ある作戦が……。

紅白戦が始まります。

タイム計測によってスピードのある選手が選ばれているはずの「レギュラー候補組」。しかし、ボールを奪っても速攻を仕掛けず、ゆっくりボールを回しています。そのうち、ボールを追って走り回っていた「サブ候補組」に疲れが見え始め、足が止まってしまいます。

実は、それを狙うために、レギュラー候補組には達海から「ワンタッチプレー禁止令（相手が追ってくるまで待つ作戦）」が出ていました。

しかも、レギュラー候補組のメンバー選考基準は、「ただ足の速いヤツ」ではなく、「45分間走って、最初と最後のタイム差が少ないヤツ」、つまり、スピードに加えてスタミナのある選手だったのです。

結果、3－0とレギュラー候補組の完勝に終わり、うなだれるサブ候補組のベテランたち。

さらにこのあと、達海は村越をチームのキャプテンから外します。

チームの雰囲気を壊すようなことをあえて仕掛ける、達海の真の目的とは何なのでしょうか？

達海の意図が理解できるようになれば、チームづくりの考え方とやり方が根本から変わります。

それでは、今いるメンバーで、まわりの期待を超える成果を生み出す「『ジャイキリ』流チームづくり」の秘密を探る旅に出発しましょう。

あえて“混乱”を生み出す達海の意図とは？

プロサッカークラブ「ETU」の監督に就任して最初の練習で、30メートルダッシュのタイム計測を45分間も続けさせる達海。タイムをもとに、「レギュラー候補組」と「サブ候補組」に分けて、紅白戦をするという。

君達は
レギュラー
候補組だ
!!!
ええ――っ!!?
お……
俺達が……
レギュラー
候補!?
……
ちょ……
ちょっと
監督!!
!
そりゃ
冗談
でしょう!?

レギュラー候補組に入ったのは若手ばかり。キャプテンであり、「ミスターETU」と呼ばれているベテラン村越もサブ組となり、チーム内に動揺が走る。「レギュラー候補組」の采配を振る達海には、ある作戦が……(第1巻#03)。

「今いるメンバー」で、「まわりの期待を超える成果」を生み出す

スピードのある選手が選ばれているはずのレギュラー候補組。しかし、ボールを奪っても速攻を仕掛けず、パスを回してボールをキープしている。そのうち、ボールを追って走り回っていたサブ候補組の足が止まり始めた。実は、それを狙うために、レギュラー候補組には達海から「ワンタッチプレー禁止令（相手が追ってくるまで待つ作戦）」が出ていたのだ。

こっちのチーム
達海《たつみ》組だ
逆に向こうは
何本もダッシュした後
今度は試合でボールキープされて走らされて……
バッテ
バテ
それがワンタッチプレー禁止の狙い？
そ！
向こうがヘロヘロになってくれりゃ
コッチが下手《へた》でもパスは通る

レギュラー候補組のメンバー選考基準は「45分間走って、最初と最後のタイム差が少ないヤツ」、つまり、スピードとスタミナのある選手だった。結果、3−0と達海組の完勝に終わる。うなだれるサブ候補組のベテランたち。さらにこのあと、達海は村越をチームのキャプテンから外した。チームの雰囲気を壊すようなことをあえて仕掛ける、達海の真の目的とは?(第1巻#05)

さあ、どうするよ。
腹くくるなら、今のうちだぜ

第1章

新チーム始動

［ステージ1　フォーミング］

「何でも思いどおりにいって何が楽しいよ。
俺が楽しいのは、俺の頭ん中よりスゲーことが起こった時だよ」

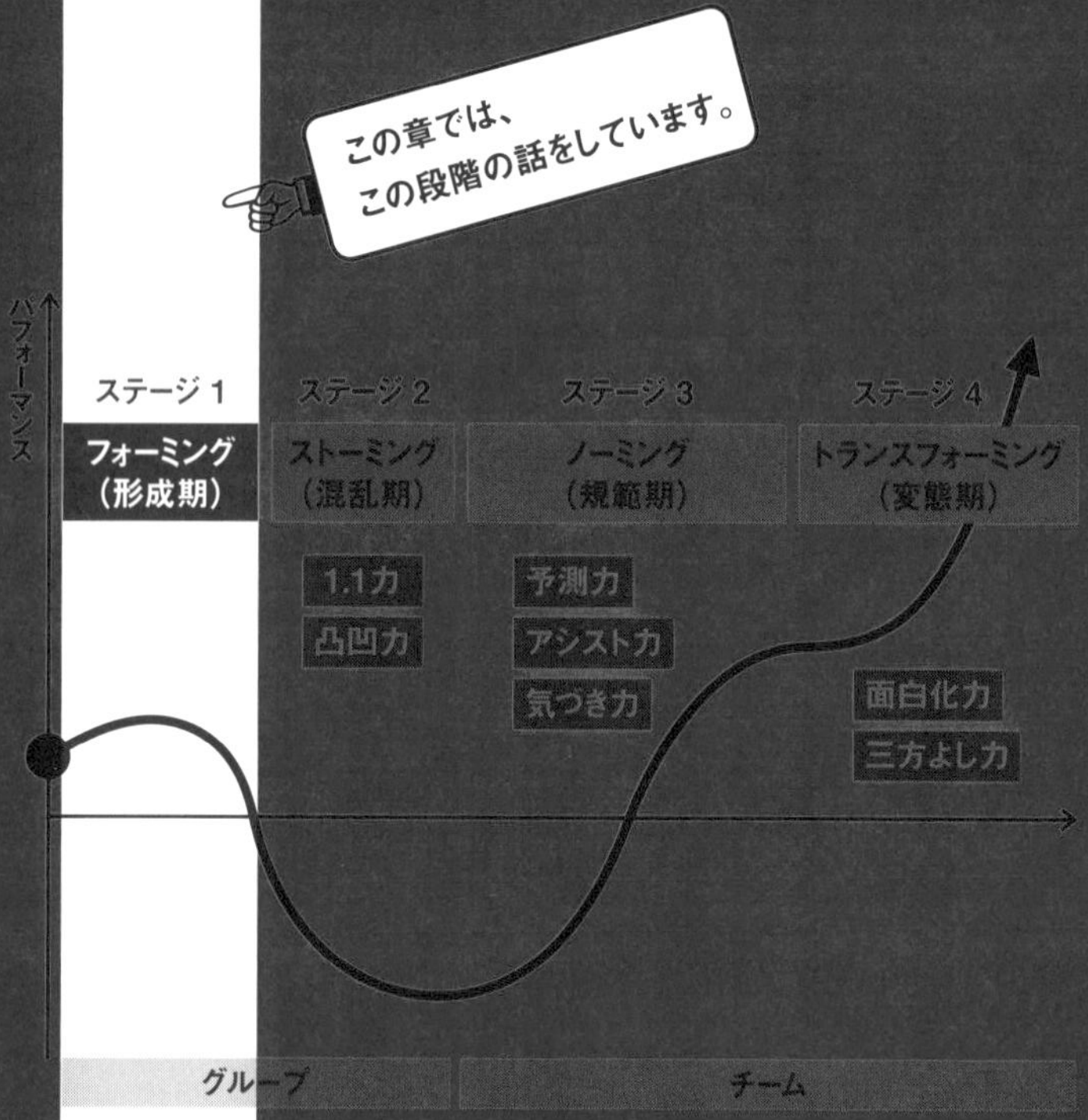
この章では、
この段階の話をしています。
パフォーマンス
ステージ1
フォーミング
（形成期）
ステージ2
ストーミング
（混乱期）
1.1力
凸凹力
ステージ3
ノーミング
（規範期）
予測力
アシスト力
気づき力
ステージ4
トランスフォーミング
（変態期）
面白化力
三方よし力
グループ
チーム

「グループ」と「チーム」、どこが違う？

ここまでのところで、すでに何度も「チーム」という言葉を使ってきましたが、そもそも「チーム」とは何でしょう？

「そんなことより、一刻も早く具体的なやり方を知りたい」という読者もいるかもしれませんが、単に〝やり方〟を知るだけでは、チームづくりの本質である「達海猛の思考プロセス」に迫ることはできません。

チームづくりのことを「チームビルディング」ということがありますが、建物をビルディングするときには基礎から組み上げていくことが必須であるように、遠回りなようですが基礎から固めていきたいと思います。

私たちは、チームづくりのプログラムの序盤で、参加メンバーにこんな質問をすることがあります。

「グループとチームの違い」って、何でしょう？

たいていの場合、沈黙が続きます。居心地悪そうにしているメンバーたち。
そんなときは、こんなふうに伝えます。

「こういう沈黙って、気まずいでしょ？　でも、いいんです。沈黙は考えている証拠だから。沈黙を怖がって、すぐに場をなんとかしようと思わなくてもいいです。あと、この質問に正解はありません。自分なりの〝回答〟をつくって教えてください。うまく話そうとしなくてもいいです。ヘタでもいいから、自分の言葉で」

そうすると、また沈黙が続きます。ただし、今度はみんな考えることに集中できている、キリッとした空気に変わります。
そのあと、こんな回答や対話が出てきます。

「グループとチームの違いは……、グループより、チームのほうが上っぽいイメージかも」

「チームは一体感があるけど、グループは一体感がないか、弱い感じがする」

「よく『仲良しグループ』って言うけど、『仲良しチーム』とはあんまり言わないですね」

「『日本代表チーム』とは言うけど、『日本代表グループ』とも言わないね」

「『プロジェクトチーム』とは言うけど、『プロジェクトグループ』とも言わない」

「『チームワークがいい』とは言うけど、『グループワークがいい』とは言わない」

「でも、よく『グループ会社』って言うけど、『チーム会社』って聞いたことなくない？」

「『グループ会社』は実際、あんまりシナジーもなく集まってるだけなのかも……？」

「ぶっちゃけ、私は考えて使い分けしたことなかったから、あんまりよくわからない」


この本では、「グループ」が成長して「チーム」になる、と考えます。

どういうことか、もうちょっと深掘りしてみましょう。

チームづくりは、ジグソーパズルに似ている

ジグソーパズルをするときって……

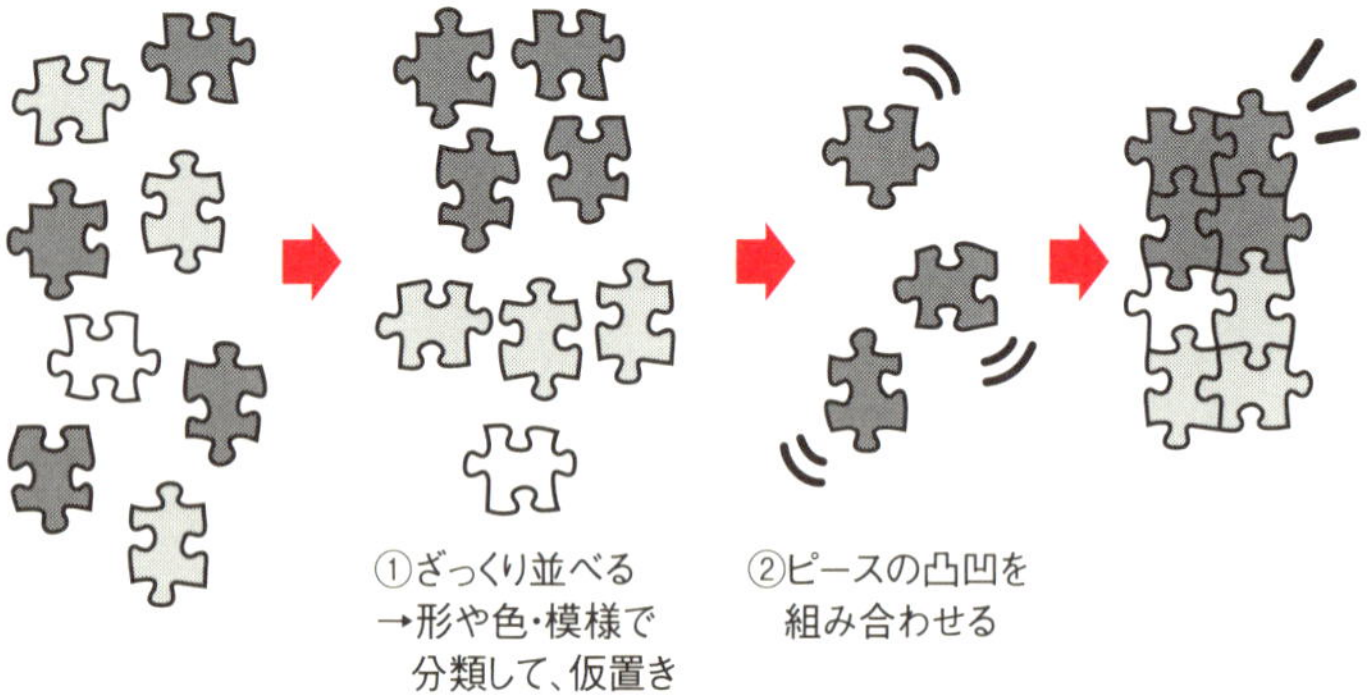

でも、チームづくりでは①のステップで止まっている組織がどれほど多いことか!　これはもったいない!

やや唐突ですが、ジグソーパズルをするときのことをイメージしてみてください。

❶まず、ピースの形や色、模様で分類して、ざっくり並べます（仮置き）。

❷次に、ピースの凸凹を組み合わせる作業を進めていきます。

チームづくりは、ジグソーパズルに似ています。

しかし、現実には、①のステップで止まってしまっている組織のなんと多いことか。「この人は営業向きだから営業部、あの人は営業向きでないから管理部」のように、なんとなく「それっぽい役割分担」をして、あとはそ

れぞれに自分の持ち場を守り、他人の仕事には口をはさまないイメージと言ったらよいでしょうか。

この①のような状態を「グループ」と呼びます。

これに対して、②は凸凹がピッタリはまる組み合わせを探すために、ガチャガチャとピースをぶつけ合わせることになります。互いに自己主張し、納得のいく形を探ります。

ガチャガチャやっている間は、自分の仕事も相手の仕事も進みません。全体のパフォーマンスが下がります。だから、多くの組織は、その組み合わせ作業を「非効率」と考えて、やろうとしないわけです。

しかし、ガチャガチャやって凸凹がピッタリはまったときに初めて、その「グループ」は「チーム」に変わり、それまででは考えられなかったような「期待値を超える」パフォーマンスを発揮できるようになるのです。

本書のメインテーマとなるのが、グループがチームに成長する普遍的なシナリオとしての「チームの成長法則」です。

チームの成長法則
「70点のグループ」が、「赤点」を経て、「120点以上のチーム」に変身する。

法則は、これ、たったひとつだけです。

この法則を理解できれば、「非常識」に見える達海の行動の解釈が一八〇度変わって、「理論的な裏づけのある、チームづくりの手法」に見えてきます。言い換えれば、「ジャイアントキリングが起こるメカニズム」です。

では、この法則について、さらに考えを深めていきましょう。

次のチェックリストのうち、**自分がリーダーとして所属している組織にあてはまるものに〈○〉をつけてみてください。**自分がリーダーでない場合は、リーダーになったつもりでどうぞ。

（　）メンバーはみんな、がんばってくれてはいる。ただ、自分の仕事の範囲を超えてまで積極的にやろうとする姿勢が見えない（言われたことしかやろうとしない）ことに物足りなさを感じる。

（　）リーダーである自分が築き上げてきた仕事のクオリティを下げることはできないので、メンバーには任せられない仕事が多い。

（　）会社の成長（停滞）とともに、ベテランと新人の意識のギャップが大きくなってきた。

（　）メンバー同士が積極的に議論するような社風にしたいが、みんなおとなしく、ミーティングでも発言が少ない。

（　）リーダーである自分が現場で奮闘しなければ、チームの目標が未達になってしまうことがたびたびある。

（　）なんとか結果は出しているものの、メンバーの入れ替わりが激しく、今のやり方に問題があるのではないかと不安になることがある。

（　）スタープレイヤーがマネジメント職に昇格すると、今ひとつパッとしないマネージャーになってしまう。

（　）役割分担を明確にし、合理的な目標を与えているのに、思ったようにパフォーマンスが上がらない。

（　）会社の業績は悪くないが、リーダーの〝右腕〟になる人材がなかなか育ってこない。
（　）朝礼をやっているが、どうしても伝達事項の一方的な共有がメインになりがち。
（　）仕事を楽しめる会社にしたいのに、みんな淡々と働いている雰囲気がある。

……いくつあてはまったでしょうか？

もし、「ひとつでも」あてはまるものがあれば、あなたの所属する組織はまだ「チーム」になる前の「グループ」です。

それなりにがんばって最低限のパフォーマンスは出しているけれど、なにか物足りない。決してダメダメではないけれど、手放しではほめられない。そんな状態が「70点のグループ」の意味合いです。

「70点のグループが、赤点を経て、120点以上のチームに変身する」——次は、「赤点」についてです。

「赤点」とは、前述のように、パズルのピースをガチャガチャ組み合わせているときのこと。「仮置き」したときより、場がグチャグチャに混乱してしまっている状態です。「70点」のときよりも全体のパフォーマンスは大きく下がるので、「赤点」と呼びます。

最後に、「120点以上のチーム」。

これは、「はじめに」で挙げたような、

「メンバーに店長を譲ったら、売上が2倍になった」

「考える時間が増えたおかげで、利益が数倍になった」

「お客さんとの距離感（絆）が、妙に近く（強く）なってきた」

「会社の雰囲気が明るくなって、仕事が楽しくてたまらなくなった」

というような状態です。同じメンバーで、以前より2倍近い、またはそれ以上のパフォーマンスを発揮できている状態です。

この「チームの成長法則」、言い換えれば「ジャイアントキリングが起こるメカニズム」を図にすると、次ページのようになります。

「なぜウチのチームでは『ジャイキリ』のようなドラマが起こらないのか？」という問いを立てるとすれば、その答えは、

ジャイアントキリングが起こるメカニズム

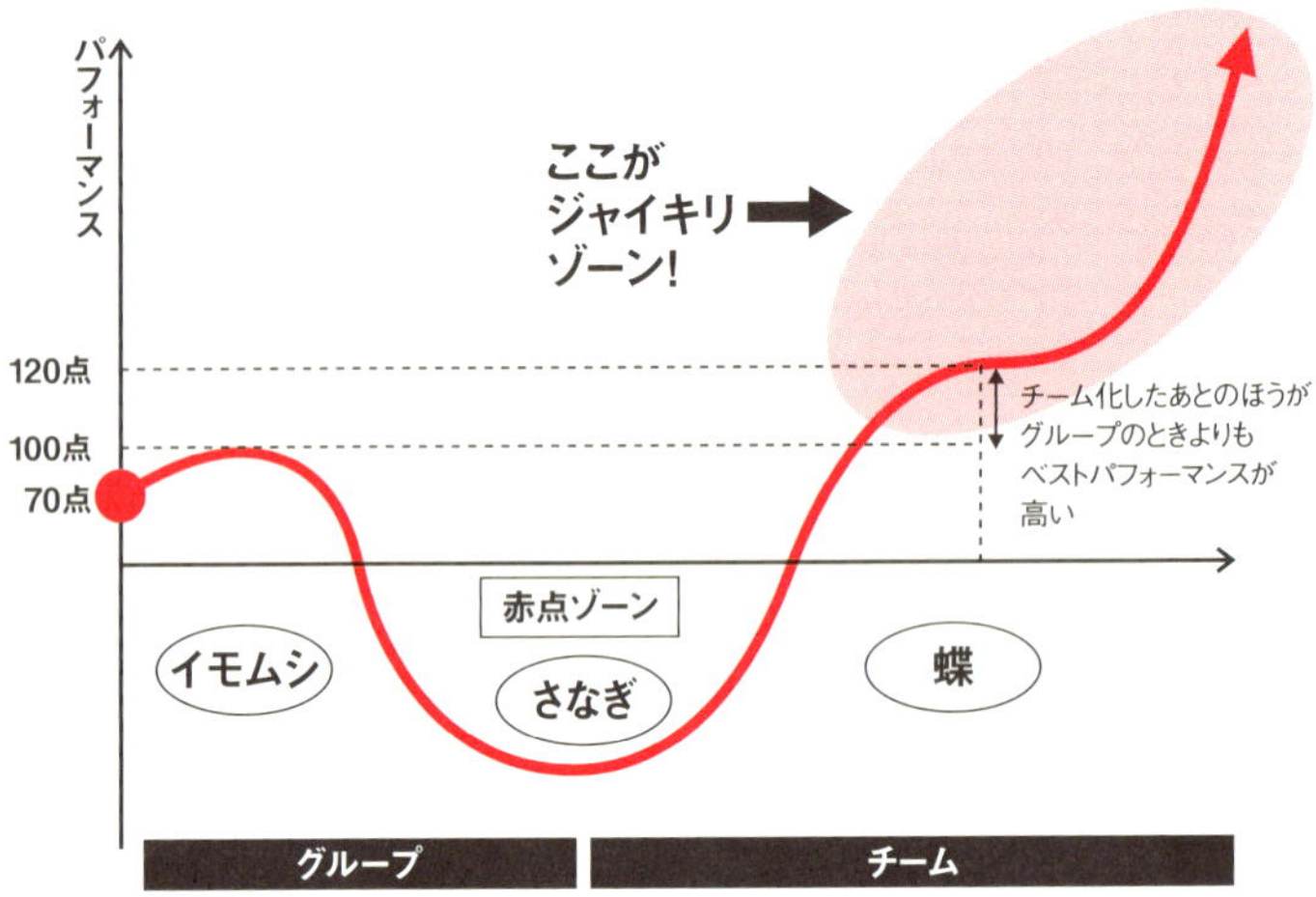

◉グループとチームの違いについて。「赤点ゾーン」の底を打つまでが「グループ」、底を打ってパフォーマンスが上がっていく部分が「チーム」。

◉「グループ」でのベストパフォーマンスは満点が100点なのに対して、「チーム」になれれば100点を超えるパフォーマンスを発揮できる。

◉チームとして100点を超えるパフォーマンスを発揮したときに初めて、「まわりの期待を超える成果」を手にすることができる（ジャイキリゾーン）。

◉チームの成長法則を「蝶の成長プロセス」に見立てると、赤点ゾーンの手前が「イモムシ」、赤点ゾーンが「さなぎ」、赤点ゾーンを抜けると「蝶」になるイメージ。赤点（一時的なパフォーマンス低下）をこわがってさなぎになろうとしないイモムシは、蝶にはなれない（ジャイアントキリングを起こせない）。

「チームではなく、グループにすぎないから」です。

ビジネスにしろスポーツにしろ、大きな成果を挙げたチームについて調べていくと、ほぼ必ずと言っていいほど、さなぎの期間を乗り越えたエピソードが出てくるものなのです。

念のため、これがサッカーだけでなく、ビジネスにもあてはまるモデルであることを確認しておきましょう。多くの人に経験がありそうな身近な例で言えば、「苦情を言ってきたお客さんが常連さんになるケース」が典型です。

イモムシゾーン……通常の接客をして、お買い上げいただく。

さなぎ（赤点）ゾーン……トラブル発生。お客さんから、強烈な苦情が届く。互いの主張をぶつけ合った結果、互いに相手の真意や価値観への理解が深まる。

蝶ゾーン……お客さんがお店の価値観に共感して、常連になってくれる。いつの間にか、自分たちのお店の考え・想いをいちばん理解してくれているお客さんに！

チームの成長法則　4つのステージ

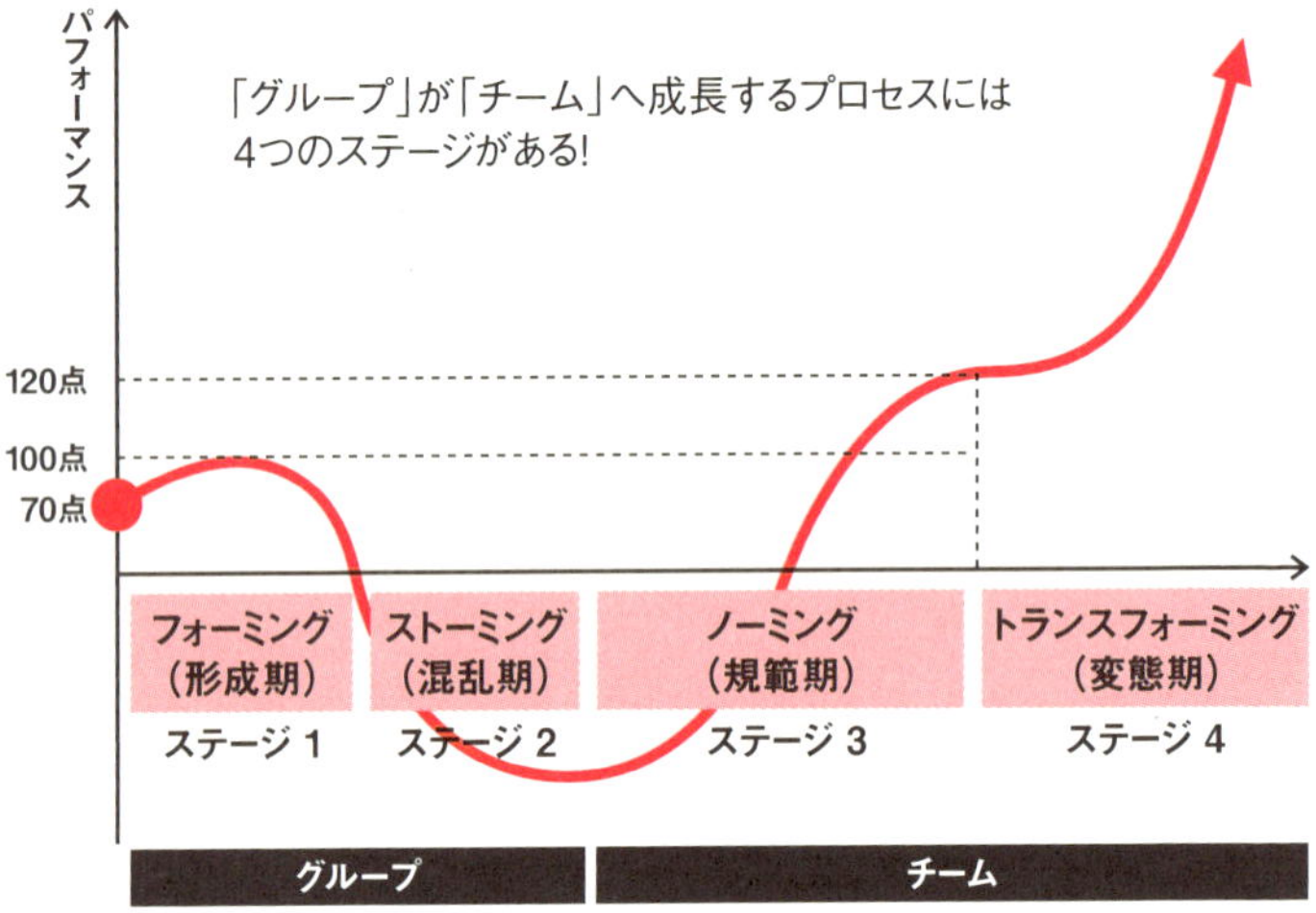

という感じです。

さらにチームの成長法則を深く理解するために、以降では「4つのステージ」に分けて考えていきます。

まず、「グループ」ステージを2つに分けます。

ステージ1は、赤点ゾーン手前まで。これを「フォーミング（形成期）」と呼びます。

ステージ2は、赤点ゾーンが底を打つまで。「ストーミング（混乱期）」と呼びます。

次に、「チーム」ステージも2つに分けます。

ステージ3は、赤点ゾーンが底を打ち、パフォーマンスが上がるパート。これを「ノーミング（規範期）」と呼びます。

ステージ4は、ノーミングのパフォーマンスアップが踊り場にきたあとの、さらなる成長カーブ。「トランスフォーミング（変態期）」です。

では、最初にステージ1「フォーミング（形成期）」から詳しくみていきましょう。

チームの成長法則　ステージ1「フォーミング」

新たなプロジェクトが立ち上がって選ばれたメンバーが集まったときや、会社（部署）に新人が入ってきたときなど、人が集まれば、最初は必ず「フォーミング（形成期）」です。

すべてのメンバーが初対面でなくても、『ジャイキリ』のストーリーのように選手は一緒でも新監督が就任した場合や、会社（部署）の主要メンバーが異動・転職で抜けた直後の「その穴をどう埋めるか」が決まっていない状態などは、典型的なフォーミングになります。

フォーミングの特徴は、こんな感じです。

◉グループが結成されたばかりで、互いのことも何をするかもよくわかっていない。不安、緊張。

◉任命された形式的リーダー、または声の大きな人が中心となる。メンバーは指示を待ち、与えられた目標に向かって行動する。

◉ヘンな人だと思われないように、とにかく様子見。

これらは、フォーミングステージ「初期」の特徴です。このままだと、満足なパフォーマンスを発揮することはできません。基本的に、みんながんばろうとはしているのですが、バラバラなのでうまくいかないわけです。

では、どうすればいいのか？

次のうち、**「フォーミング初期状態で結果を出すためにはこうあるべき」と思うものに〔○〕をつけてみてください。**

〔　〕頭脳明晰かつ指導力のあるリーダーが、ゴールを達成するための方法を考え、各人の役割分担を決め、動き方を指示する。

（　）メンバーは、リーダーの指示通りに動くことに徹する。指示通りに動けないことがないように、弱点を克服すべく自己研鑽する。

（　）リーダーは、メンバーが迷いなく動けるように、「議論の余地のない指示」「考える必要のない指示」を与える。

（　）指示されたことをやり切ったメンバーに成功報酬を約束することで、テンションを上げる。

（　）リーダーは、メンバーが指示通り動いているか、進捗を管理する。計画通りに進んでいなければ、その原因を特定し、必要な修正を指示する。計画通りに進んでいれば、活躍が目立つメンバーをほめ、士気を高める。

いくつ○がついたでしょうか？

正解は……、すべて○です。

フォーミング初期の集団が「すぐに結果を出すケース」を観察していると、これらのような傾向が見られるのです。

もしかしたら、全部○にした方、または、あたりまえすぎてつまらないと思った方、多いのではないでしょうか。これまで数多《あまた》のリーダーシップやマネジメントの指南書で「理想のリーダー像」として語られてきていることと同じか、それに近いことばかりだからです。

しかし！

今から、とても重要なことを言います。

この「優秀すぎるリーダー」のやり方には、大きな盲点があります。それは、もうお気づきかもしれませんが、**最高でも優秀な「グループ」にすぎず、ジャイアントキリングを起こせる「チーム」にはならない**ということです。

リーダーにとって、自分のイメージした以上の結果（100点を超える結果）が出るわけではないので、より優秀なリーダーが率いる集団が現れた場合にはかなわないのです。

別の言い方をすると、リーダーが優秀すぎて、チームの成長法則でいうステージ2「ストーミング（混乱期）」に進めない可能性が高いのです。

どういうことか。

フォーミング「後期」になると、各メンバー間のコミュニケーションが増え、お互いのキャラクターも見えてきます。それによって、「このメンバーなら、ここまでだったら言っても大丈夫だろう」というラインがわかってくるので、今まで言わずにガマンしていた意見を言う人が出始めます。それを見て、「だったら自分も！」と自己主張をする人が増えてきて、意見の対立や衝突が起こってきます。

これがステージ2である「ストーミング（混乱期）」の入り口です。

しかし、ストーミングが起こり始めると、組織全体のパフォーマンスが低下して非効率なので、多くの人は元のフォーミングに戻そうとしたり、そもそもストーミングが起こらないように予防してしまうわけです。

その典型が、先ほどの「優秀すぎるリーダー」です。すべてを自分で指示して組織をコントロールしようとするため、ストーミングの余地がありません。

このほかにも、ストーミングに進めないタイプがいくつかあります。いわば「万年フォーミンググループをつくる名人」であり、この人たちが持つ性質を**「フォーミング体質」**と呼ぶことにします。

このフォーミング体質について理解し、いかに改善できるかが、きわめて重要な課題です。

まずは『ジャイキリ』のなかに、ストーミングを起こそうとする人とフォーミングに戻そうとする人が対照的に描かれているシーンがあるので、見ていきましょう。

ケーススタディ② ストーミングを起こす人、フォーミングに戻す人

シーズン直前のキャンプ初日、達海がメニューを発表します。

「自習——」（第2巻#08）

あっけにとられる選手たち。意図がわからず慌てる松原《まつばら》コーチに対して、達海は言います。

「監督やコーチに言われたことやるんじゃなくて、自分らから自主的に動けってこと」

さらに、先日キャプテンから外したチームの中心・村越に対して、「お前は口出し禁止」という指示を出して、その場を立ち去ってしまいます。

沈黙する選手たち。

それぞれが心の中で、「気まずい……」「誰か何かやってくれよ」と思うも、口に出すことができません。まさに典型的なフォーミング初期の状態です。

しびれを切らしたベテラン選手・黒田《くろだ》が「仮キャプテン」を名乗り、仕切り始めます。ボール回し（パス練習）を指示しますが、そのうち若手メンバー数人が勝手に実戦形式の練習をし始めました。


「何、勝手にやってんだよ！」


怒鳴る黒田に、若手の赤崎《あかさき》選手は「今は自主練の時間でしょ？（中略）俺はもっと具体的な練習がしたい」と自己主張します。この「一部のメンバーが互いに自己を主張し始める」のが、ストーミングへの入り口です。

そこで黒田は言います。「シーズン序盤での新チームとしてのまとまりが勝負を分ける」「全員一丸となってひとつのことに取り組む」ことが「チームワークを生むんだ」。それを横で聞いていたベテラン杉江《すぎえ》選手（黒田とは仲良し）がこうつぶやきます。

「それって毎年、村越さんが言ってること……」

This is
「フォーミング体質」

キャンプ初メニューで、なんと「自習」を指示する達海。加えて、キャプテンから外した村越に「口出し禁止令」を出し、グラウンドを後にする。「仮キャプテン」を名乗って仕切り始めた黒田に対し、若手の赤崎らは自分たちのやりたい練習を始めて、モメる。黒田は「全員一丸となることがチームワークを生む」と主張し、まとめようとするが……（第2巻#08〜09）。

この黒田のように、「フォーミング段階でいきなりまとめようとしてしまう」のが、「フォーミング体質」の典型です。そして、杉江のつぶやきから読み取れるのは、村越もまた、「フォーミング体質」の持ち主らしいということです。

それを見抜いたからこそ、達海は村越をキャプテンから外し、万年フォーミングだったチームに揺さぶりをかけて、ストーミングへ誘《いざな》おうとしているわけです。

ストーリーはさらに続きます。

赤崎たちはそのまま自分たちがやっていた練習を再開。荒れる黒田を見て、あまり関わらないようにしようと各自で練習を始める、その他のメンバーたち。

そして、達海と松原コーチが、その状況を陰からこっそり見ています（第2巻#09）。

「やばいですよ監督！　このままじゃ本当にチームがバラバラになっちゃいますよ！」と叫ぶ松原コーチに対して、「そーお？　面白くない？」とワクワク顔の達海。対立・衝突が起こったときに、松原コーチのように慌てて元に戻そうとするのは**「フォーミング体質」**であり、達海のようにワクワクしちゃうのが**「ストーミング体質」**なのです。

フォーミング体質度をチェックしよう

これまで、数えきれないほどの会社や部署を見てきた私の肌感覚では、世の中の7〜8割の組織がチームではなくグループです。

右肩上がりの時代であれば、会社（部署）としてフォーミンググループのままで100点を目指すという方針でも、みんながハッピーに仕事を続けることができました。リーダーが事業全体を掌握し、市場の成長スピードやトレンドを読みながら失敗しないように舵取りをしていけば、会社が成長できた時代です。事業が成長している間は、全員がやりがいを感じることができるのです。

ところが、変化の激しい時代と言われている現在においては、事業の前提条件が時々刻々と移り変わっています。過去の成功体験を繰り返しても、同じ結果を得ることが難しい時代です。もはや、リーダー一人が変化をとらえてアクションを考えるのでは間に合わないほど、変化する要素が増えています。加えて、指示通りにがんばっても必ずしも結果が出ないとなると、メンバーのモチベーションがキープできなくなり、貴重な人材ほど先に流出していく、という

対立や衝突を面白がる
——これぞ
「ストーミング体質」

そーお？
面白くない？
何ニコニコしてんですか——っ！
さてと
ボチボチ行きますか 松《まつ》ちゃん
ボス
おお
やっと やる気になって くれましたか
いーや
もっと面白くしようかと思って
チェイス チェイス！
クロス上げろ！

悲劇的な事態が起こってきます。

だからこそ、各自が考えて行動できる、自走型の「チーム」になる必要性があるわけです。

しかし、多くのリーダーは黒田のように、フォーミンググループのままでなんとか改善しようと努力しているのが現状のように思います。

そこで、どうすればストーミングを乗り越えてチームになれるかを次章で考えていきますが、その前に、逆説的なアプローチとして**「フォーミング体質度」をチェックしてみましょう。**

次のうち、自分の組織にあてはまるものに〔○〕をつけてみてください。

〔　〕「空気を読んで、言いたいことを飲み込む」のは、よくあることだ。

〔　〕メンバー間に対立や衝突が起こったら、速やかに場を収めようとする。

〔　〕リーダーの指示は絶対であり、規律の徹底が重要視されている。

〔　〕担当業務に直接必要でない情報は、積極的には共有されていない。

〔　〕行動計画を完全に固めてからでないと、決して実行には移さない。

〔　〕結果が予測できないものは（費用対効果の観点等から）実行には移さない。

〔　〕最初（計画時点）から役割分担をハッキリさせる。

（　）その役割を果たした度合いだけを見て、個人または部署を評価する。

（　）結果が出ないときは、誰のパフォーマンスが低いせいなのかを明らかにしている。

（　）お互いに助け合わなくても、各自のがんばりでこなすことができる仕事量である。


いくつ○がついたでしょうか？

これらの項目には、すべて「ストーミングを起こしにくくする効果」があります。

ここでは「フォーミング体質」を2つに分けて考えてみましょう。

◉フォーミング体質①　自己主張をしない。空気を読んで、遠慮する。
◉フォーミング体質②　自分の思い通りに組織をコントロールしようとする。対立・衝突により、パフォーマンスが低下してきた時点で、「チーム状態が悪くなってきた。元に戻そう」という発想・行動をとる。

この2つは、先ほどの「ケーススタディ②」（58ページ）で出てきたものです。

よく、「あいつ、空気読めよな」などと言ったりすることがありますが、フォーミング初期で「空気を読みすぎる」と、フォーミングが進みにくくなります（フォーミング体質①）。

フォーミング体質とは

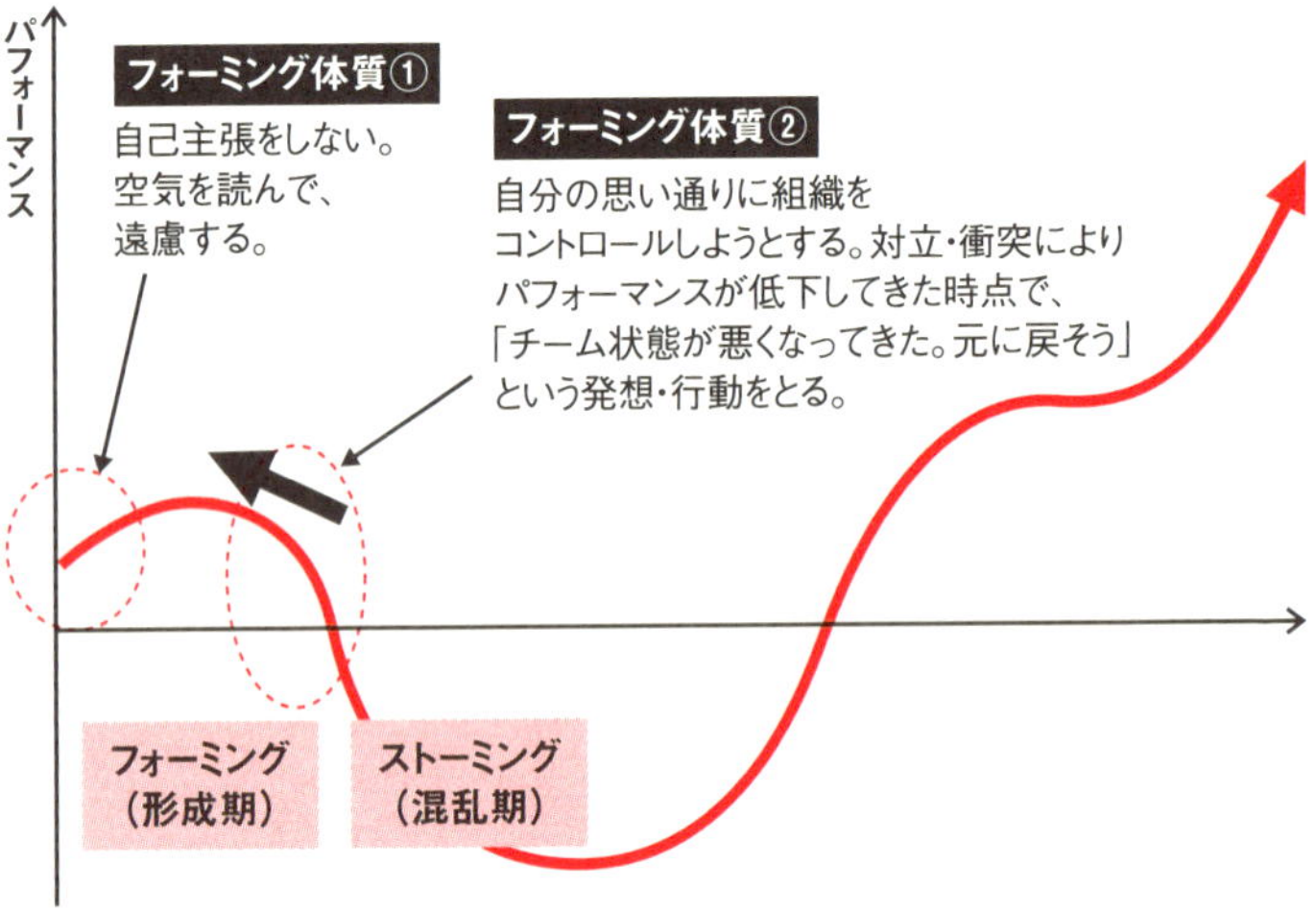
パフォーマンス
フォーミング体質①
自己主張をしない。
空気を読んで、
遠慮する。
フォーミング体質②
自分の思い通りに組織を
コントロールしようとする。対立・衝突により
パフォーマンスが低下してきた時点で、
「チーム状態が悪くなってきた。元に戻そう」
という発想・行動をとる。
フォーミング
（形成期）
ストーミング
（混乱期）

理想のチーム像のひとつは「あうんの呼吸で動けること」なのですが、それはストーミングを越えて「チーム」になったあとの話。「空気を読んで自己主張しないこと」と「あうんの呼吸」とは、まったくの別物です。

日本人のサッカー選手が海外のクラブに移籍した際に、インタビューで「こっちでは自己主張するのが常識。自分も積極的にやらなければパスも回してもらえない」などと話すシーンを見かけます。やや大雑把に分類してしまえば、日本人は基本的にフォーミング体質で、海外では基本的にストーミング体質、ということが言えるかもしれません。

ストーミング体質は、極端に言えば、「はじめまして。では、レッツストーミング！」

というイメージ。サッカーの日本代表チームにラモス瑠偉《ルイ》選手や闘莉王《トゥーリオ》選手のような日本国籍を取得した選手が入ることがありますが、それによってストーミングに進みやすくなるのだとすれば、彼らにはそれだけでも大きな存在価値があると考えられます。

さて、フォーミングが進んでいくと、コミュニケーション量が増え、互いの関係も近くなって雰囲気はよくなっていきます。これがフォーミング後期になると、警戒も解け、「ここまでだったら言っても大丈夫」というラインが見えてくるので、自己主張をする人が増えてきます。その結果、意見の対立・衝突が起こってパフォーマンスが低下します。その時点で、元のコントロールが効いた状態に戻してしまうと、せっかく近づいたストーミングステージがまた遠のいてしまいます（フォーミング体質②）。

また、チェックリストの3つめ以降は、「いかに計画通りにできるか」「いかに効率的にできるか」という価値観に基づくアクションです。

「事前の行動計画と役割分担」をカンペキにやればやるほど、メンバーは「自分に与えられた仕事をやるだけ」で、他人の仕事は手伝わないし、担当者が決まっていない仕事は誰もやらない状態になり、ストーミングが起こりにくくなります。

さらに、役割分担したうえでの「成果主義の評価制度」と「業務量の適正化」により、実はもったいないことに、「大変そうだから手伝うよ」とか「みんなで一緒に力を合わせて乗り切ろう!」というようなチームづくりのチャンスがなくなっているのです。

ビジネスで言えば、トラブルが起こって問い合わせが殺到したり、または商品がテレビで紹介されて思いがけず注文が急増するなどのハプニングが発生することがあります。このような一時的な業務量の増加は、「天が与えてくれたストーミングのチャンス」です。

にもかかわらず、混乱した現場に入って、すべてのやり方を指示してしまうリーダーは、追加で出された子どもの宿題を代わりにやってあげる親のようなものなのです(もちろん、一刻を争うような緊急事態の場合は、そのような対応をせざるを得ないケースもあります)。

もしかすると、ここまで読み進めてきて、「役割分担や成果主義、業務量の適正化などはよくないのだ」というふうに受け取った人がいるかもしれません。でも、それは違います。

ポイントはあくまでも、「**フォーミングステージにおいて**、これらのアクションを徹底してしまうとストーミングに進みにくくなる」ということ。言い換えると、これらのアクションは、グループが「チーム化」してから徹底すると、きわめて効果的にはたらくようになります（第3章以降を参照）。

そして、「チーム化」するためには、コントロールを手放して、ストーミングの混乱状態を受け入れる必要があるのです。

脱・フォーミング体質！

では、フォーミング体質から抜け出すためにはどうしたらよいのでしょうか。

◉フォーミングステージでの形式的な効率化は、目先の結果を得るためにラクをしようとしているだけと心得る。

◉「ストーミングはトモダチ、こわくない！」――ストーミングを成長のプロセスと心得る。

◉ストーミングによるパフォーマンス低下を大目に見られるようにする。

一番仕事してなさそうなヤツはどれ？

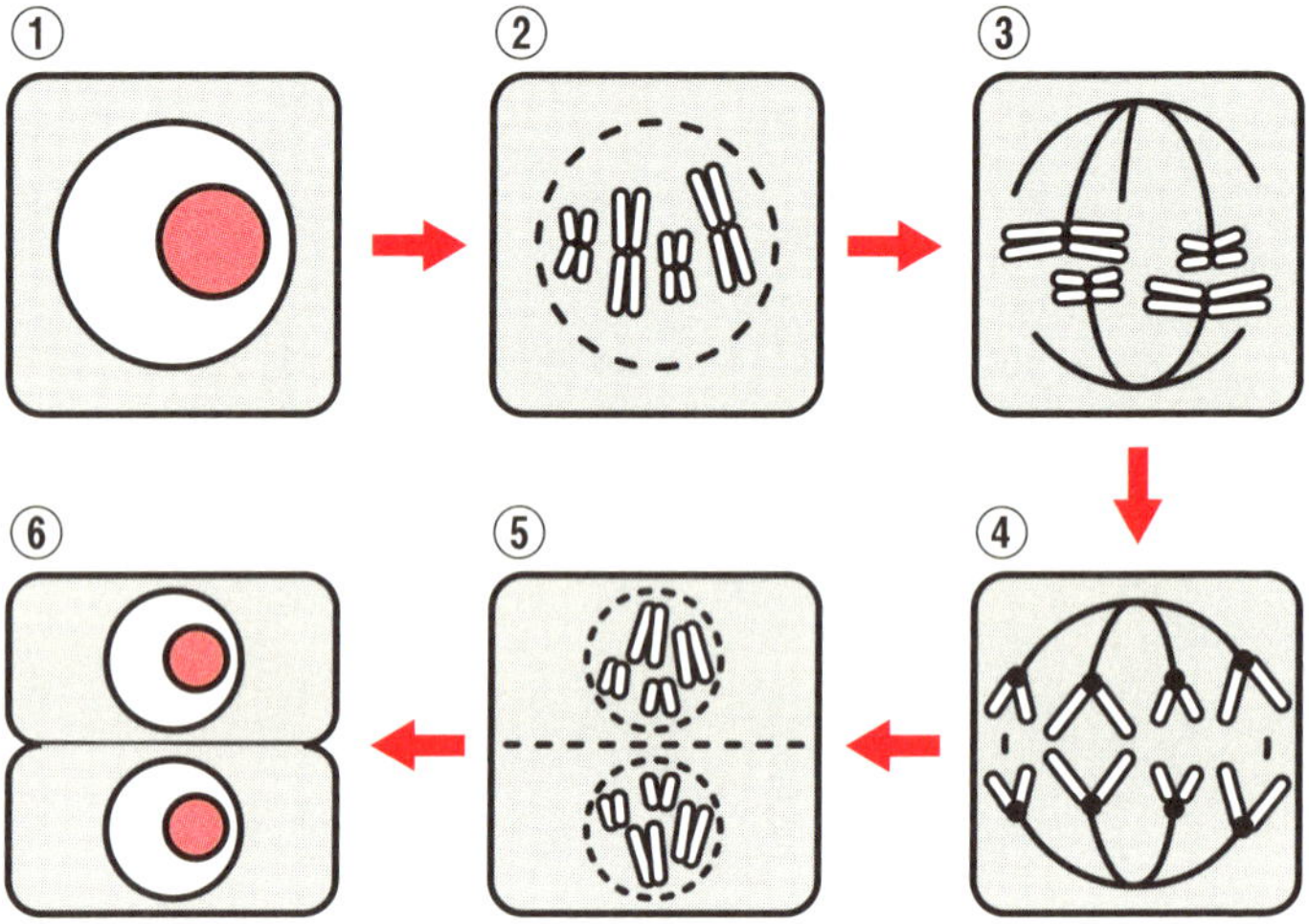

この3つです。

最後の2つについて、思い出すことがあります。

高校の生物の授業で、「細胞分裂」がテーマだったある日のこと。教科書には、細胞分裂の順序を表すイラストが描かれていました。1つの細胞が、6つのステップを経て2つの細胞になるイラストです。

それを見せながら、先生はこう問いかけました。

「この6つのなかで、一番仕事してなさそうなヤツはどれ？」

ある生徒が答えます。「①でしょ」

先生は、うれしそうな顔でこう言いました。

何もしてなさそうに見えるヤツこそ、大事な仕事をしているんですねぇ。

★DNA複製中。（一生懸命）

「うん、①が仕事してなさそうに見えるでしょ。でもね、こいつはいま、一生懸命ＤＮＡを複製してるところなの。それがないと細胞分裂は始まらないんです。何もしてなさそうに見えるヤツこそ、大事な仕事をしているんですねぇ」

チームづくりでストーミングの重要性を話すとき、いつもこの細胞分裂のことを思い出します。なんのパフォーマンスも発揮していないように見えて、内部でガチャガチャと遺伝子を組み合わせているのが、とってもストーミングと似ていると思うわけです。

こんなイメージを、グループのメンバーみんなで共有できると、ストーミングへの進みやすさが相当スムーズになるはずです。

フォーミングを進めるために、やるべきこと

ここまで、いろいろ書いてきましたが、そもそもフォーミングを進めるためには何をしたらよいのでしょうか？　それは、

「コミュニケーション量を増やすこと」

です。それによって相互理解が進み、「このメンバーだったら、ここまで言っても大丈夫かな」という関係性になることで、初めてストーミングが可能になるからです。

具体的な方法として、カンタンかつ効果的なのが「自己紹介」です。

職場の同僚の趣味や出身地、学生時代にやっていたこと、好きな食べ物、座右の銘など、すでにわかっているかと聞かれると、意外に知らないものだったりします。そこで、「スタッフ名鑑」をつくるというプロジェクトを立ち上げて、みんなで自己紹介をシェアします。

意外な接点が見つかったりすると、心理的な距離感が急に近づくものです。名鑑を片手に飲み会をするのも、コミュニケーション量アップにつながります。

「合宿」なんかに行けると最高です。ある上場企業では、M&Aでグループ入りした会社が増えてきたときに「部長合宿」を開催し、フォーミングを進めました。

そのように、お互いに見知らぬ人が集まっている合宿の場合は、模造紙に自己紹介を書きます。模造紙を壁に貼ったら、ふせんの出番です。ほかの人の自己紹介を見ながら、共通点・共感ポイントなどコメントをつけたくなる部分を見つけたら、ふせんに書いてペタッと貼ります。

人のプロフィールを見て、コメントをする――これはすなわち、ソーシャルメディアで行われていることのリアル版です。したがって、グループのメンバー同士、リアルでの顔合わせと並行してソーシャルメディアでつながってコミュニケーションすることは、さらに効果的です。特に、メンバー限定（クローズド）のオンラインの場をつくると、コミュニケーション量を格段に増やすことができます。

とにかく「コミュニケーション量」を重視して、自己紹介や雑談を積極的に促すのがポイントです。相互理解が深まることで、次のステージへ進む準備ができていきます。

職場でメーリングリストをつくったものの、あまり活発に動かない、という場合は、「2行日報」がおすすめです。内容はなんでもいいので、一日の終わりに最低2行のメールを日報としてグループ全員宛に送る、というルールにします。

2行なら心理的ハードルが低いので取りかかりやすく、しかも書き始めると意外と2行ではすまなくていろいろ書きたくなる、などの効果があるので、コミュニケーション量を増やすにはうってつけです。お互い気軽にレス（返信）をつける習慣ができれば、さらに効果が高まります。

第2章では、「どうすればストーミングを乗り越えてチームになれるのか」について考えていきましょう！

第1章のまとめ

● 「70点のグループが、赤点を経て、120点以上のチームに変身する」のが、チームの成長法則。

●4つの成長ステージは、「フォーミング→ストーミング→ノーミング→トランスフォーミング」。

●優秀すぎるリーダーは、指示出しによってストーミングを予防してしまうのが玉にキズ（フォーミング体質）。

●リーダーの想像以上のことが起こったときが、面白い。

●フォーミングを進めるには、「コミュニケーション量の増大」がカギ。

やってみよう

★メンバーみんなで、「チームの成長法則」と「4つの成長ステージ」を共有する。

★「フォーミング体質度チェック」（66ページ）をみんなでやって、結果について話し合う。

★相互理解を進めるために、自己紹介し合う（名鑑をつくる）。その勢いのまま、みんなで「フォーミング飲み会」に繰り出す。

第２章

巻き起こる嵐

［ステージ２　ストーミング］

「どうせ家建てんならじっくりいい家作んなきゃ」

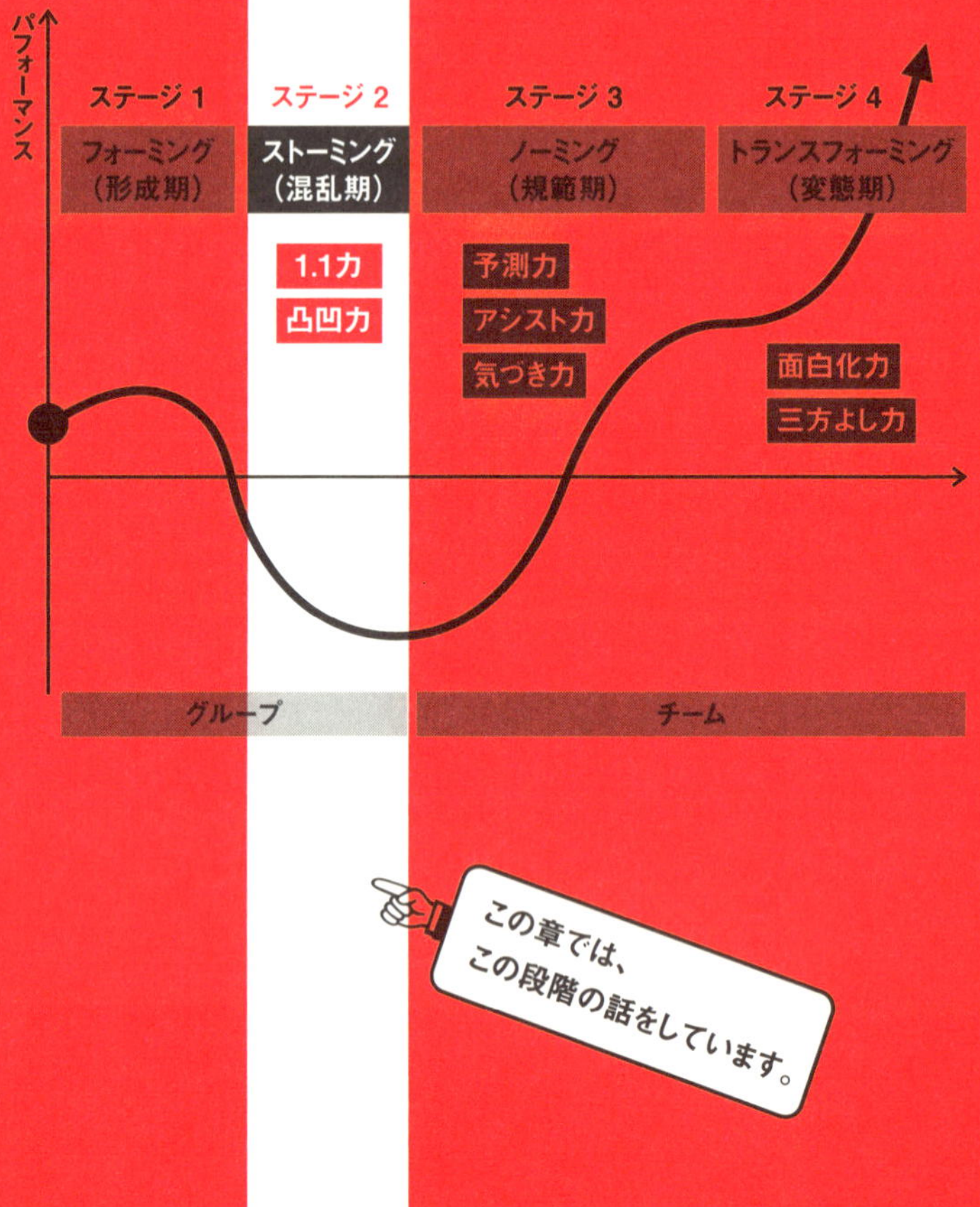
パフォーマンス
ステージ 1
フォーミング
（形成期）
ステージ 2
ストーミング
（混乱期）
1.1力
凸凹力
ステージ 3
ノーミング
（規範期）
予測力
アシスト力
気づき力
ステージ 4
トランスフォーミング
（変態期）
面白化力
三方よし力
グループ
チーム
この章では、
この段階の話をしています。

ストーミングの起こし方

さて、この章ではいよいよ「チームの成長法則」のステージ2である「ストーミング（混乱期）」に突入していきます。

達海猛は、フォーミング後期のグループを、どのようにしてストーミングへ誘うのでしょうか？　早速、ストーリーを追ってみることにしましょう。

ケーススタディ③　ストーミングへの誘い方

（「ケーススタディ②」からの続き）キャンプ初メニューとして「自習」が指示されたETUは、ベテラン黒田と若手の赤崎がモメたあと、完全に2つのグループに分かれてしまいます。

そこに達海が現れ、ボールを片づけ始めます。そして、1個のボールをみんなで仲良く使うことを指示。黒田と赤崎、互いが自己主張をして対立・衝突が生まれ、あげくの果てに乱闘が起こってしまいます！

メンバーに自己主張させて、衝突を生め！

グループが2つに分かれたところで、様子を観察していた達海が現れ、ボールを片づけ始める。そして、1個のボールをみんなで仲良く使うことを指示。互いが自己主張をして対立・衝突が生まれ、混乱し、ついには乱闘が起こってしまう!(第2巻#09)

これこそ、まさにストーミングです。そもそもストーミングの「storm」は「嵐」のこと。前章の復習も兼ねて、ストーミングの特徴をまとめると次のようになります。

◉「私はこう思う！」——各メンバーの本音の意見が場に出る。
◉対立・衝突が起こり、感情的にモヤモヤ・イライラする。
◉生産性が低下する。コントロールしにくい状況が生まれる。
◉キャラクターが表出し、相互理解が進む。
◉影響力の大きいリーダーが自然発生的に現れる。

つまり、ストーミングステージに入ると、「空気」が攪拌《かくはん》されて「嵐」が起こります。精神的にも肉体的にも時間的にも負担がかかるので、しんどいです。みんながそんなしんどい思いをするくらいなら、誰かの指示に従っているほうがよっぽどラクです。

しかし、そこで元の仲良しグループに戻る道を選ばず、ストーミングを乗り越える道を選んだ人たちだけに、「チームになれる権利」が与えられます。

チームを「つくる」とは、組織をコントロールして結果を出すことではなく、コントロールを手放してストーミングを乗り越え、新たな可能性を引き出すこと。

このような考え方を持って、嵐を巻き起こす人のことを**「ストーマー（攪拌者）」**と呼びます。

達海の流儀——「ストーミングの巻き起こし方」編

ここで、先ほどの「ケーススタディ③」をもとに、達海の流儀を分析してみましょう。達海の行動の「本質」を理解して、自分でも応用可能にしてしまおうというのがねらいです。

達海が「ストーマー」としてストーミングを巻き起こすときのワザは、2つあります。

❶みんなで一緒にやる必要があり、かつ、答えがないお題を与える
❷リーダーに依存できないようにする

ひとつずつ見ていきましょう。

❶みんなで一緒にやる必要があり、かつ、答えがないお題を与える

達海が「1個のボールをみんなで仲良く使うように指示をした」という行動の本質は、このお題設定にあります。「互いに自分の意見を出さなければ先に進めない状況」をつくり出すことで、ストーミングが起こりやすくしています。逆に言えば、分担してできることや、誰かが正解を知っているお題では、ストーミングは起こりません。

これを仕事に応用するときには、「誰もやったことがないチャレンジ」に、「最終的にメンバー全員が貢献していること」というルールを守るようにしたうえで、取り組めばよいことになります。ジャイアントキリングを起こしたチームのケースをつぶさに見ていくと、どこかの時点で必ずこのような**「未知の状況を全員で乗り越えた経験」**をしていることがわかります。

といっても、お題設定をそれほど難しく考える必要はありません。

ある会社では、注文が急激に増えたときに、「全員で発送作業をやるぞ！」と言って「この件数の荷物をどうやったらすぐに発送できるか」について、店長を中心とした何人かでアイデア出しをやりました。実際に手を動かしてみて改善を進めながら仕事を分担していき、なんとか乗り切ったときには、それまで感じたことのない一体感に包まれました。

このように、ハプニングをお題化することができるようになれば、そのたびにチームづくりが進みます。答えのわからないハプニングは「天から与えられたストーミングのチャンス」なのです。

❷リーダーに依存できないようにする

フォーミングステージでは、形式的リーダー、すなわち「役職が高い人」や「進行役を任じられた人」がいると、その人に依存してしまうため、①のような「お題」を与えたとしてもストーミングは起こりません。したがって、チームの中心である村越に「口出し禁止」を命じることで、「フォーミングステージにおけるリーダー依存の状況を解消した」ところに、達海の行動の本質があります。村越に口出し禁止を命じることによって、「役職の上下も進行役も決まっていない状況」をつくり出してあるからこそ、①の「お題」が機能するわけです。

前述のハプニングが起こった会社でも、店長がやり方を指示するのではなく、メンバーがアイデアを出しやすい環境をつくったことによって、アイデアのストーミングが発生したという点を補足しておきます。

達海の流儀、すなわち**「やり方」**を分析してみましたが、そもそも達海という人物は**「あり方」**そのものがストーマーであることを理解しておくことが大切です。そこで、『ジャイキリ』のなかから達海の「ストーマー語録」を拾ってみましょう。

「どうせ家建てんならじっくりいい家作んなきゃ」（第2巻#10）

「何でも思いどおりにいって何が楽しいよ。俺が楽しいのは、俺の頭ん中よりスゲーことが起こった時だよ」（第2巻#12）

（開幕2連敗して）

「俺、解任まであと何連敗できる？」（第4巻#28）

3つめの言葉は、ゼネラルマネージャー（監督の去就について決める人）に対する質問です。これらの言葉から、達海が「ストーミングによるパフォーマンス低下を乗り切って、グループをチーム化しよう」と考えていることが読み取れます。

ただ、それには時間がかかります。

達海にとって、目先の結果を出すために前述の「フォーミングステージで結果を出す方法」（54ページ参照）を選択することも不可能ではありません。しかし達海は、「解任」までに許された時間を使って、少しでもストーミングを進行させ、突破するほうに賭けています。**「目先の結果より長期的な成果を目指す決意」**こそ、真のストーマーの必須条件です。

ストーミングで解散しないための5つの作法

繰り返しますが、ストーミング中はモヤモヤします。しんどいです。そこに当事者としていると、なんだかヘコむし、夜も眠れない思いをしたりもします。

「もうあなたたちとは一緒にやっていけません」——こう口にして、離脱するメンバーが出る可能性も否定できません。ヘタをすると、グループが崩壊して解散を迎えることもあり得ます。

「ストーミングに導くなんて、達海だからできるけど、自分にできるかなぁ……?」

そんなふうに感じる人も、少なくないかもしれません。

でも、大丈夫。達海のやり方よりも、もっとソフトで、安全な方法があります。

ストーミングでグループが解散しないよう、安全に進めるための「5つの作法」です。

❶ビジョンが示されていること

「俺たちは、ワールドカップでベスト4に入る」とか、「ウチの商品を日本中に広めてお客さんの笑顔を増やす」というビジョンが共有されていれば、「ベスト4になる（商品を日本中に広める）ためだったら、この困難を乗り越えることは必須。がんばりどころだな」と思えます。

それに対して、ビジョンがないと、「何のためにこんなつらい思いをしなければいけないのかわからない。辞めます」となりやすい。

なお、ビジョンを共有しやすくするには、「目に見える形」にして、繰り返しみんなで確認することに尽きます。ある会社では、自分たちのお客さんがハッピーになるストーリーを描いたムービーを作りました。文字と写真と音楽を組み合わせただけの、わずか数分間のショートムービーです。それを全員で見たり、新人が入ってくるたびに上映会をしたりして、繰り返し繰り返し自分たちのビジョンを確認しているのです。

❷ストーミングの意義を共有すること

「ストーミングはチームとして成長するために必要なプロセスである」ということを、事前にメンバー全員で共有しておくと、無用なモヤモヤを減らすことができます。

むしろ、対立・衝突が起こり始めたときに、「おっ、この感じ、俺たちもいよいよストーミングに差し掛かってきたんじゃないですか？」とか、「みんなでモヤモヤを味わいながら、乗り切ろう！」のようなコミュニケーションをすることが可能になります。

ムードメーカー的なメンバーが、「うぉー、モヤモヤするぅ～！」と叫んで、みんなで笑い合えるような場がつくれたら最高です。

❸個人の安全を確保すること

必要以上の混乱に陥《おちい》らずにすむように、事前に予防策をとっておくことが大切です。というのも、対立・衝突によって感情的になりすぎて、相手の人格に対して非難を加えるような個人攻撃を思わずしてしまう人が出る可能性があるからです。それによって回復不能な信頼感の喪失が起こって、先に進めなくなるのは誰にとってもハッピーではありません。

ストーミングで大事なのは、「みんなの意見が場に出揃うこと」。対立・衝突することそのものが目的ではないし、ケンカが必須なわけでもありません。その目的を事前にみんなで共有しておけば、ムダな傷つけ合いを予防できます。

❹グループ全体としての安全を確保すること

ストーミング中は、組織全体としてのパフォーマンスが下がるので、「生存のために必要なパフォーマンス」は確保しておくことが大切です。会社であれば、売上が下がっても資金がショートしないような地盤は確保しつつ、「レッツストーミング！」と進められることが、リーダーの準備として必要です。

先に見た、達海の「俺、解任まであと何連敗できる?」というセリフも、組織全体としての生存ラインを確認するためのものです。

❺ストーミングがスムーズに進みやすくすること

ストーミングの当事者は、膨大なエネルギーを使います。なので、あまり長期にわたりすぎないように、スムーズに進められることが求められます。

「達海の流儀」の項でみたように、「みんなで一緒にやる必要があり、かつ、答えがないお題を与える」ことや、形式的リーダーによる支配状態をなくし、「リーダーに依存できないようにする」ことなどが挙げられます。

また、ストーミングのキーパーソンは「ストーマー」です。空気を読んでガマンするのではなく、他人にどう思われてもかまわず自己主張できるタイプの人がいれば、その人がストーミングに導いてくれるでしょう。

そのようなストーマータイプがいない場合には、**「各自が紙に書く」**という手法が有効です。「みんなの前で自分から手を挙げて意見は言えないけれど、意見を紙に書くことならできる」という人が、フォーミング体質な日本人には少なくないからです。

ミーティングで「意見や質問のある人?」と聞いても誰も発言しないようなときに、大きめのふせんを配って、「一人ひとつ以上、意見か質問を書いてください」と伝えると、ほぼ全員が意見を場に出してくれます。これをやるだけで、相当スムーズにストーミングが進んでいきます。さらっと書きましたが、効果絶大の方法なので、試してみていただければうれしいです！

ストーミングで「自分ごと化」が進む

ストーミングが進むことで、本質的に変化するものとは何でしょうか？

自分で意見を言うと、それまで「他人事」であったことが**「自分ごと化」**します。

最初は誰か（形式的リーダー）から「やれ」と言われただけでやっていた作業だとしても、ストーミングが進んで自分がいっぱい意見を出すことで、だんだん自分が主体的にやっている感覚に変わっていきます。

「そこは、こうしたほうがいいんじゃない？」と口に出した人にとって、それはもう自分のアイデアであり、「自分ごと」なのです。こうして、メンバー全員にとって「自分ごと化」することが、「チーム」になるための準備として欠かせないわけです。

「ケーススタディ②」で、自習を命じたときに達海が言った、「監督やコーチに言われたことやるんじゃなくて、自分らから自主的に動けってこと」というセリフに、このストーミングの意図が表れています。この点、再度要チェックです（58ページ参照）。

組織の問題としてよく指摘される定番として、「事なかれ主義」があります。事なかれ主義の根本的な原因は、「仕事が他人事になっていること」です。他人事なのだから、自分でリスクを背負ってまでチャレンジする意味がないわけです。

「事なかれ主義」が蔓延していることに悩んでいる組織は、例外なくフォーミングステージに留まっているといえます。これを解消するには、「ストーミングに進むこと」以外あり得ません。

さて、ここまでは、「チームの成長法則」として、フォーミングとストーミングの話をしてきました。

この本では、この法則に加えて、**「チームワーク7つの力」**というものを考えていきます。4つの成長ステージをできるだけスムーズに昇っていくために、マスターしておきたい視点であり、技術です。

◉チームワーク7つの力①　1・1力　「モチベーションあふれるチーム」をつくる
◉チームワーク7つの力②　凸凹力　「個の強みを活かすチーム」をつくる
◉チームワーク7つの力③　予測力　「息の合ったチーム」をつくる
◉チームワーク7つの力④　アシスト力　「信頼し合うチーム」をつくる
◉チームワーク7つの力⑤　気づき力　「自ら考え、行動するチーム」をつくる
◉チームワーク7つの力⑥　面白化力　「夢中で遊ぶチーム」をつくる
◉チームワーク7つの力⑦　三方よし力　「大きなチーム」をつくる

まずは、ストーミングステージのときに意識しておきたい2つの力について見ていきましょう。

「1・1力（いってんいちりょく）」と「凸凹力（でこぼこりょく）」です。

チームワーク7つの力①
1・1力——「モチベーションあふれるチーム」をつくる

今回も、まずは『ジャイキリ』のストーリーから入っていきましょう。なお、ここではフォーミング、ストーミングというこれまでの流れはいったん置いておいて大丈夫です。

ケーススタディ④

相手の自己重要感をアップさせる「1・1コミュニケーション」

キャンプ最後の夜、考えごとをするためにグラウンドへと向かった達海。すると、若手の椿《つばき》選手が一人で、とても楽しそうにボールを蹴っていました。

達海に見られているプレッシャーを感じた瞬間、緊張でドヘタになる椿。ノれるときには、紅白戦で村越をもブッちぎる動きを見せたのに、ノれないときはボロボロ。椿は、そんなメンタルの弱さをコンプレックスに思い、達海に「変わりたい」と打ち明けて泣き出します。

「それでいいよ、お前」と達海。

お前ん中の
ジャイアント・キリングを
起こせ

キャンプ最後の夜、たった一人、グラウンドで楽しそうにボールを蹴る椿を見つけた達海。達海に見られているプレッシャーを感じた瞬間、緊張でドヘタになった椿は、コンプレックスであるメンタルの弱さを乗り越えて「変わりたい」と達海に打ち明ける。「それでいいよ、お前」——「お前ん中のジャイアント・キリングを起こせ」（第2巻#14〜15）。

実は達海は、椿の中学、高校時代のサッカー部の先生や、サテライト（2軍）のコーチから話を聞き、みんなから「10回のうち9回はヘマをするが、たった一回……輝かしいプレーですべての人を魅了する」のが椿の実力だと理解していたのでした。そして、「重度の『腰抜け《チキン》』である椿を認めたうえで、「お前ん中のジャイアント・キリングを起こせ」と伝えたのです。

このシーンで、椿の心を折るのは簡単です。

「お前、なんでそんなにチキンなの？」

この一言で、モチベーション急降下まちがいなしです。

営業目標が未達成に終わったセールスパーソンに「なんでそんな目標いかないの？」と声をかけたり、ボツ企画しか立案できないアイデアパーソンに「なんでそんな企画しか考えられないの？」と声をかけるのと同じです。

「モチベーション」

チームづくりを考えるときに、よく出てくるワードです。

「モチベーション上がらねー」とか、「今の一言でめっちゃモチベーション下がった」などというフレーズを、よく聞きます。

興味深いのは、「モチベーション」という言葉を使うのは、モチベーションが低い人に多いということ。モチベーションが高い人は「楽しい〜」と言いながら活動していて、そもそもモチベーションのことなど意識していない場合が多いようです。

では、モチベーションとはいったい何なのでしょう？

「1・1力」は、モチベーションに関する考え方です。

ふつうの状態を「1・0」だとして、ちょっとがんばっているとか、ちょっとポジティブとかいう状態が「1・1」。逆に、ちょっとサボっているとか、ちょっとネガティブとかいうのを「0・9」だとします。

チームのモチベーションは掛け算です。

「0・9」と「1・1」が、それぞれのメンバーの状態だとして、人数分を掛け合わせたときの数値が、チームとしてのエネルギーを表すイメージです。科学的根拠はないですが、あくまでイメージとして。

チームの雰囲気が0・9または1・1になったとして、レギュラー11人で計算すると、

0・9の11乗＝約0・31

1・1の11乗＝約2・85

サブの選手やコーチングスタッフも含めて30人で計算すると、

0・9の30乗＝約0・04239

1・1の30乗＝約17・4

となります。

1・0と比べてそれぞれ0・1の差が、掛け合わさるとこんなに大きな違いを生みます。

チームは掛け算

◆チームの雰囲気が**0.9**になったら……

$$0.9 \times 0.9 \times 0.9 \times 0.9 \times 0.9 \times \cdots = 約\ 0.31$$

11人分の掛け算

◆チームの雰囲気が**1.1**になったら……

$$1.1 \times 1.1 \times 1.1 \times 1.1 \times 1.1 \times \cdots = 約\ 2.85$$

なんと**0.31**の約**10倍！**

チームづくりを考えるときに、ここで大事なのは、**「相手を1・1にするコミュニケーションをするか、0・9にするコミュニケーションをするか」**ということです。

すなわち、「1・1力」とは、互いを1・1の状態にし合う力のことを言います。別名、「1・1コミュニケーション」です。

逆に、互いを0・9にし合うコミュニケーションが「0・9コミュニケーション」です。「ケーススタディ②」で、黒田と赤崎が衝突するシーンがありました（58ページ参照）。それをあてはめてみましょう。

黒田は、達海からの急な「自習」の指示で混乱しているうえに、自分の指示に従わず勝

「0.9スパイラル」と「1.1スパイラル」

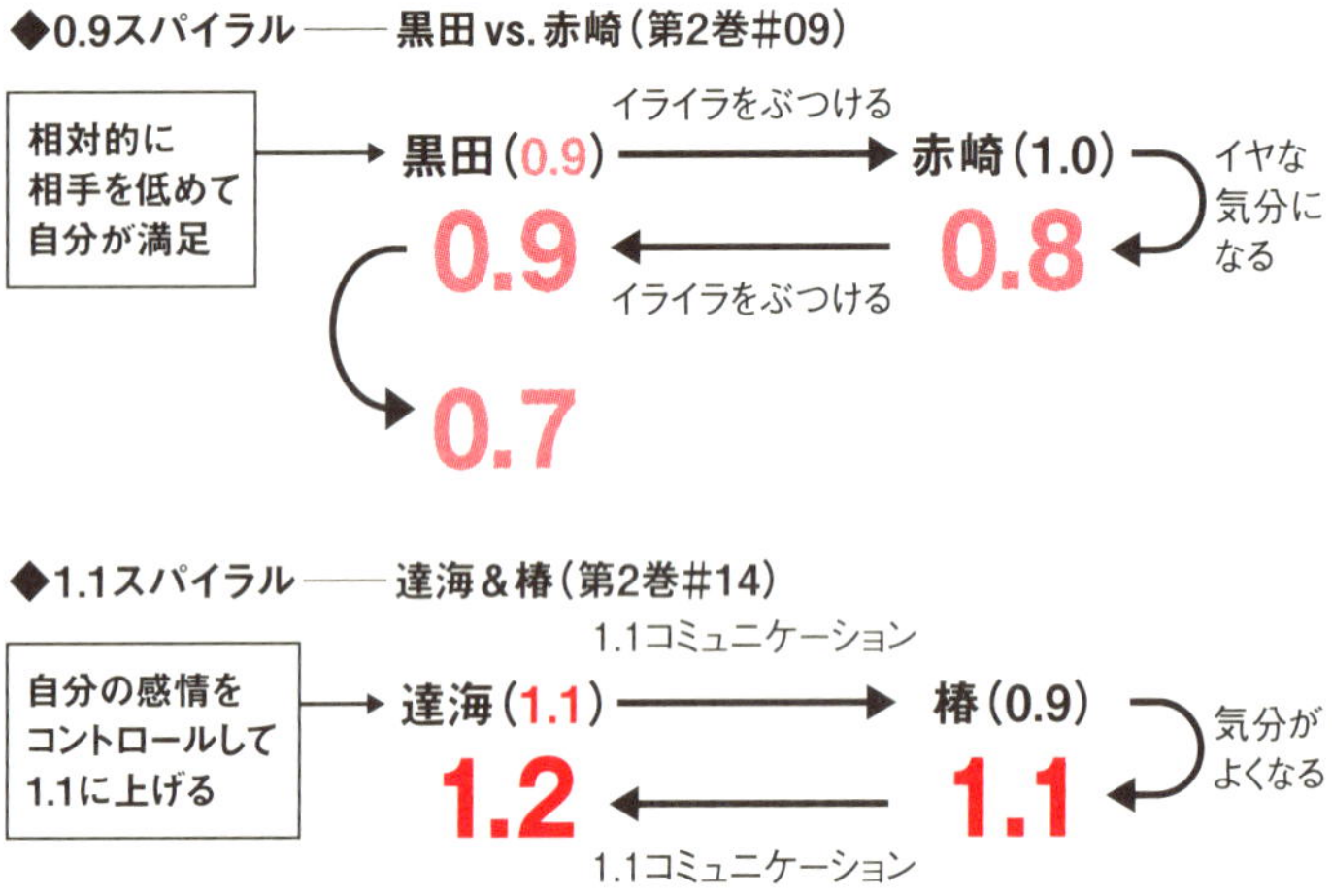

手に練習を始めた赤崎によってイライラさせられ、0・9にされます。その状態を1・0モードで勝手にやっている赤崎と比べると、自分のほうが相対的に下のポジションなので、この状態を回復または逆転させたい、という欲求が生じます。

そして、「何、お前らだけ好き勝手やってんだよ!!」と、そのイライラを赤崎にぶつけて「0・8」までおとしめることによって自分が優位になり、憂さを晴らすことができます。これが「0・9コミュニケーション」のメカニズムです。

さらに、0・8に下げられた赤崎に、「勝てるんスか? それで」と報復され、0・7になった黒田がブチ切れる……、という負のスパイラルに陥ります。

イライラを相手にぶつけて、相手を0・8に下げることで自分の感情のバランスを保つのか。それとは逆に、感情をコントロールして相手を1・1にする「1・1コミュニケーション」をするのか。

どっちを取るかは自分で選べる、だから1・1を選べるようになろう、というのが「1・1力を磨こう」という意味合いです。

特に、ストーミングに入ると感情的になりやすい状況になるため、各メンバーが1・1コミュニケーションを意識しているか否かによって、混乱の度合いが大きく変わってきます。1・1力が高ければ、ストーミングがスムーズに進みやすくなるのです。

それが、この章で1・1力を取り上げている理由です。

モチベーションの正体は「自己重要感」

このように、人は、「自分の存在が重要であると感じたい」という欲求を持っています。

これを**「自己重要感」**と言います。

この自己重要感こそが、モチベーションの正体です。モチベーションアップとは自己重要感が上がることであり、モチベーションダウンとは自己重要感が下がることを指すわけです。ここからは「自己重要感」をキーワードとして、1・1力を考えていきましょう。

相手の自己重要感を下げる「0・9コミュニケーション」の典型パターンが、黒田が赤崎に言った、

「何、お前らだけ好き勝手やってんだよ!!」

というセリフです。

注目すべきポイントは、「なぜ（どうして）お前は○○したのか」というカタチ。

前述の「なんでそんなにチキンなの」とか、「なぜ目標達成できなかったの」なども、典型的なこのカタチです。この表現には、過去に起こったネガティブな出来事に対して責任を追及するニュアンスが含まれます。

言われた側は、自己重要感を下げずにすむように頭を働かせます。

「でも」とか「だって」という言葉がまず口に出てきて、自分を正当化するために、自分以外

の原因のせいにする。これが「言い訳」のメカニズムです。

この「なぜ○○したのか」というフレーズを使わないように意識しよう、と全員で共有するだけで、組織の1・1力は飛躍的に上がります。思わず口にしてしまったメンバーがいたときは、「はい、今のダメ〜。やり直し」などとお互いにツッコみ合える風土ができればカンペキです。

もし、「部下のやる気がない」と思っている人がいたら、自分がふだんから「なぜ○○したのか」と言っていないかをチェックしてみるとよいかもしれません。意外と言ってしまっていることがあったりするものですので。

次に、相手の自己重要感を上げる「1・1コミュニケーション」の具体例を見ていきましょう。「ケーススタディ④」の続きとして、達海のセリフに注目です。

ケーススタディ④ 続き

達海に見られているプレッシャーでドヘタになり、ついにはキックを空振りする始末の椿。

その椿に、達海はこう問いかけます。

「紅白戦、お前はキャプテンの村越ブッちぎるほどの動きを見せた。何でだ？　椿。チキンのお前が、何であの日、あんなプレーができたわけ？」（第2巻＃15）

なんと、先ほどのダメな典型例と同じ、「なぜ○○したのか」というパターンです。

しかし、その内容は過去のネガティブな出来事ではなく、ポジティブな出来事の理由を問うています。

そうすると、椿の口から**「できた理由」**が引き出されます。

「あの時は、村越さんが全力で来いって言ってくれて……それで多分、気分がノれて……。それと監督の言葉……ジャイアント・キリング……（中略）勝てばお前達の立場は変わる。ジャイアント・キリングの始まりだって。（中略）俺……変わりたいんス。嫌なんです、自分のことが昔から……情けなくて……自分で自分に腹が立って、悔しくて……こんなんじゃ駄目なのわかってんスけど……でも……（グズッ）」

泣き出す椿に、達海は次のような言葉をかけます。

「わかったわかった。それでいいよ、お前。イメージトレーニングなんだって？　昔から練習後、ひとりでボール蹴ってたらしいじゃん」

「え……何でそれ……」

「電話で聞いた。お前の中学、高校ん時のサッカー部の先生に。サテライトのコーチにもね」

「…………！」

「ナヨっちい自分が嫌で、いつもイメージトレーニングしてたって。いいことじゃんかよ、椿。コンプレックス持ってる奴は、強いぜ。長年お前が自分を変えたいと思ってきたその想い……そいつはすげえパワー持ってる。お前の力になってる。お前には過去の実績は何もねえ。それでもお前は今、プロクラブのトップチームにいる。お前を育てた人達は、皆、同じようなことを言ったよ。10回のうち9回はヘマをするが、たった一回……輝かしいプレーですべての人を魅了する。お前に魅せられた人達が……ここまでお前の背中を押したんだ。お前の実力だ、椿。

そのまま行け。何度でもしくじれ。その代わり、一回のプレーで観客を酔わせろ。敵のド肝を抜け。お前ん中のジャイアント・キリングを起こせ」

この一連のやり取りで、達海が「1・1コミュニケーター」であることがわかります。

0・9というより、もはや0・3くらいに落ち込んでいる椿の自己重要感を、一気に2・0近くまでアップさせてしまいます。

達海の流儀──「1・1力」編

ここで再度、達海の流儀を具体的に分析してみましょう。前述の「できた理由を問う」のほかに4つあります。

❶声をかける

❷受け入れる

❸見ている

❹意味を与える

「1・1コミュニケーション」のなかには、「ほめる」も含まれます。しかし、ほめるためには「よいと評価できる結果」が必要です。

では、「ほめるに値するだけのよい結果」がない場合はどうするか。優れた1・1コミュニケーターは、ほめなくても相手の自己重要感を高めることができます。その典型が右に挙げた4つです。

❶声をかける

声をかけるということは、「あなたがそこにいるのを私は認めていますよ」というメッセージを伝えていることになります。

人間にとって一番ツラいのは「無視されること」なので、「私はあなたを無視していません」と伝えるだけで、相手の自己重要感が高まる場合があるわけです。特に、椿のように自信をなくしている状態のときには、「みんなが自分をダメなやつだと思っているのではないか」「監督に見放されたのではないか」などと思いがちなので、効き目も大きくなります。

このように、相手の存在を認めることを**「アクナレッジメント（存在承認）」**と言います。自己重要感を高めるための最重要キーワードが、この「アクナレッジメント」です。「声をかける」というのは、アクナレッジメントの一種です。

達海は、夜のグラウンドで椿に声をかけました。ちなみに、この出来事があった直後の試合でも、達海は椿に対して個別に、「ビビんじゃねえ。逆にここの連中全員……ビビらせてこいってんだ」と声をかけます。要所を押さえた声かけによるアクナレッジメント、地味ですが見落とせないワザです。

❷受け入れる

受け入れるというのは、ネガティブに思えることでもネガティブだという評価を決定しないでキャッチすることです。自分の存在をそのまま受け入れてもらえることは、大きなアクナレッジメントになります。

椿は、いい大人なのに、自分がチキンすぎると泣き出しました。どう見ても、イケてない状況です。しかし、達海は「それでいいよ」と言って受け入れる。いったん受け入れて、そこからどうすればポジティブな方向へ持っていけるのかを考えるのです。

言い換えると、すべての物事にはネガティブな面とポジティブな面が含まれている、という価値観を持ち、ネガポジ変換のためのアイデアを生み出せるようになると、「受け入れる力」は自然と身についてきます。

では、達海はそのために何をしているかというと……、次の「見ている」に続きます。

❸見ている

達海は、椿をはじめとして選手たちのことをよく見ています。単に「見ている」だけではなくて、強みは何なのか、弱みは何なのか、どんな価値観を持っているのか、その価値観が形成された背景には何があるのか、などを理解しているということです。

椿に関しては、よいときとダメなときのギャップがあまりに大きいのを不思議に思ったせいでしょうか、中学、高校時代のサッカー部の先生とサテライトのコーチにわざわざ電話取材までしています。それによって、椿の行動の理由を理解し、ポジティブな面を見出します。

さらに、「お前を育てた人達は、皆、同じようなことを言ったよ。10回のうち9回はヘマをするが、たった一回……輝かしいプレーですべての人を魅了する」「お前の実力だ、椿。そのまま行け。何度でもしくじれ。その代わり、一回のプレーで観客を酔わせろ。敵のド肝を抜け」という言葉で、強みを認め、それを活かすよう促します。

「そこまで自分のことを気にしてくれて、しかも理解してくれている」とわかるのは、椿にとって大きなアクナレッジメントになります。人への信頼が生まれる瞬間というのは、「この人は自分のことを理解してくれている」と思えたときです。こうして椿は、達海に対する信頼感を強めていきます。

❹意味を与える

「ケーススタディ④　続き」で椿が語った「できた理由」のなかに、「監督の言葉……ジャイアント・キリング……」「勝てばお前達の立場は変わる。ジャイアント・キリングの始まりだって」というセリフがありました。その前提となるシーンは、「ケーススタディ①」の「紅白戦」です（25ページ参照）。具体的にみていきましょう。

若手中心の「レギュラー候補組」を率いる達海は、紅白戦が始まる前のミーティングでこう言います。

「勝つぞ」

それに対し、ある選手がこう返します。

「で……でも監督、向こうはほとんどがレギュラーだし……」

その言葉を制するように、達海が続けます。

「今のお前達は……弱小クラブの控え。要するに下の下。最低ライン。ギリギリプロ。このままでいいのか？　想像してみろよ。ここでレギュラー組を倒す。レギュラーの座をつかむ。それでリーグ戦を勝ち進む。その時、お前達の立場は変わる。これはお前達の、ジャイアント・キリングの始まりだぜ。お前らが望めばだけどな」（第1巻＃04）

この紅白戦は、達海が監督就任後、初めての練習での出来事でした。

つまり、フォーミングでも初期の初期です。したがって、選手たちは「空気を読んで、指示を待ち、言われたことをやる状態」です。言い換えると、この紅白戦もまだ「他人事」。なんのためにやるのかもわかっていません。意味のわからないことをやっている間は、自分がやっていることが重要だと思えないので、自己重要感が下がります。

そこで、達海は選手たちに「意味を与える」わけです。ジャイアントキリングのビジョンを示しながら、「選手自身のメリット」に落とし込んで、紅白戦を「自分ごと化」できるようにアクナレッジするのです。

最後の「お前らが望めばだけどな」という一言で、紅白戦に臨む態度を自分で選ばせることによって、「自分ごと化」が進みやすくしている点にも注目です。

つまり、0・9と1・1、どっちの態度を選ぶのかは、「何のためにやっているか（意味）」に大きく影響されるのです。ストーミングに突入して、困難な状況になった際も、意味がわかっていればがんばれるし、逆に、意味を感じられていなければ「もうやめよう」とか「自分さえよければいいや」となるわけです。

また、「ケーススタディ④　続き」において、達海の「コンプレックス持ってる奴は、強いぜ」「お前ん中のジャイアント・キリングを起こせ」という一連のセリフは、まさに椿に対して「自分を乗り越えるジャイアントキリングにチャレンジする」という意味を与え、自己重要感を高めることに成功しています。

もしかすると、**「意味を与える」**というのは、レベルが高いワザのように思えるかもしれません。でも、「コピー取りを部下に依頼するときに、どういう会議の資料なのかを説明する」というような些細な一言も、立派な「意味を与える」アクションです。「コピー取ってもらえて助かったよ。おかげで急ぎの大事なメールを返せたからね」とかでもよいわけです。

有名な石切り職人の寓話があります。

ある職人は自分の仕事を「石を切ってるんだよ」と言い、別の職人は「人々の心が休まるすばらしい教会を建てているんです」と言う。意味を与える1・1力があれば、自分の組織のメンバー全員が「教会を建てている」という意味を理解しながら仕事をする状況をつくれます。人は、「自分がやっていることの意味を重要と感じたい生き物」です。その欲求をいかに満たせるかという視点を持ってコミュニケーションできるのが「1・1力」なのです。

以上の4つ、**「声をかける」「受け入れる」「見ている」「意味を与える」**が、ほめなくても相手の自己重要感をアップさせられるワザです。

ストーミングに突入すると、どうしても0・9な雰囲気になります。だからこそ、これらの

「1・1コミュニケーション」を全員が意識することによって、スムーズに乗り越えやすくなるのです。

「1・1力」はチームの成長ステージのどの段階でも必要なものですが、あえてストーミングの章で取り上げた理由を、もう一度、確認しておいていただけるとうれしいです。

ではその次、ストーミングステージで意識しておきたい2つめの力が「凸凹力」です。

チームワーク7つの力②
凸凹力――「個の強みを活かすチーム」をつくる

そもそも、「強み」とは何なのでしょうか?

今回も、まずは『ジャイキリ』のストーリーから入っていきましょう。

ケーススタディ⑤ 強みと弱みは表裏一体――責任感の逆効果

村越は、責任感の人です。

どん底にいたETUを、必死になって立て直してきたのです。キャプテンとしてチームを最優先し、自らを犠牲にしてプレーを続けてきました。しかし、達海が村越をキャプテンから外したのは、実はそれが理由だったのです。

チーム事情やチームのバランス、戦術などは本来、監督が背負うべきものであるはずなのに、村越は強すぎる責任感のためにすべてを自分一人で背負おうとして、結果的に自分の強みを押し殺してしまっていたからでした（第1巻＃06）。

プレシーズンマッチで、今までのあり方を自問自答しながら、思い切ってリスクを冒し、ゴールを決めた村越。達海はその変化を認めて、「前だけ向いてろ」とキャプテンマークを投げ渡します（第3巻＃21）。

責任感の逆効果

責任感の男・村越は、どん底状態にあったETUを必死になって立て直してきた。チームを最優先し、自らを犠牲にしてきた村越を達海がキャプテンから外したのは、実はそれが理由だった——。チーム事情やチームのバランス、戦術などは監督が背負うべきものであるのに、村越は強すぎる責任感のためにすべてを自分一人で背負おうとして、結果的に自分の強みを押し殺してしまっていたからだ。

地鳴りみたいなサポーターの歓声
ガキみたいに駆け寄ってくるチームメイトの顔
お前を長い間見てきた連中の答えが
あの瞬間に詰まってた
このチームの色………
そいつはお前だ村越

前だけ向いてろ

プレシーズンマッチで、今までのあり方を自問自答しながら、思い切ってリスクを冒し、ゴールを決めた村越に、達海は「前だけ向いてろ」とキャプテンマークを投げ渡す（第3巻#21）。

「責任感がある」のは、強みです。

でも、これが「責任感のために、組織の問題をすべて背負って身動きが取れず、0・9オーラを発しているキャプテン」となると、その責任感はむしろ「弱みとして発揮されている」と言えます。

「凸凹力」とは、自分の強みを発揮して、成長し続ける力のことです。凸は強みで、凹は弱み。なぜ凹までが「力」に含まれるのかと言うと、**「自分の凹は、誰かの凸を活かすためにある」**と考えているからです。

つまり、チームづくりにおいて、メンバーの凸を活かす力とは、自分の凹を活かす力でもあるのです。

「強みを活かす」というフレーズを初めて見聞きする人は、いないと思います。しかし、これだけ繰り返し言われ続けているのは、「強みを活かすのがカンタンではないから」です。

なぜカンタンではないのかというと、**自分の強みに一番気づけていないのが自分自身**、という可能性があるからです。

なぜ自分のことなのに気づけないのか？　それは、真の強みであればあるほど、自分にとっては自然に苦もなくできることなので、あたり前すぎて強みだと自覚していないからです。

別の言い方をすれば、**「強み」とは、他人が同じことをやろうとすると自分より高いコストがかかるもののこと**です。ここでいうコストには、お金のほかにも時間コストや労力コスト、頭脳コスト、精神コストが含まれます。

強みを発揮できていると、うまくできるから楽しいし、カンタンだし、自然体だし、喜ばれます。これがビジネスであれば、コストをかけていないのに喜ばれるわけですから、儲かります。

なお、「1・1力」との関係でいうと、強みを活かしていると1・1になれるわけです。

ここで、強みと弱みについて整理してみましょう。

強みとは、**「才能がポジティブに働くこと」**です。

弱みには、2種類あります。

❶才能がネガティブに働くこと

村越の例でいえば、「責任感が強すぎるために何事も自分一人で抱え込んでしまい、フリーズしてしまう」結果、弱みとして発揮されてしまう場合です。

この場合は、凸の使い方をまちがえているので、弱みを克服するためには、凸をポジティブに活用できるトレーニングをすることが大事です。

❷才能がないこと

「責任感のかけらもない」というような場合です。これが凸凹でいう凹です。凹を埋めようと努力すると、自分のニガテなことに多くのコストを費やすことになります。

それよりも、ほかの人の凸とうまく組み合わせることで補完できれば、その時間を自分の凸を磨くために使うことができるようになります。これが凹を活かすという発想です。

ある会社の社長は、「凸凹力」の考え方を知って、秘書を雇うことを決めました。もともとその社長は、事業のコンセプトを描いたり、新しい商品企画を考えたりするのが得意。ただ、そのために人と会ったり、いろいろな場所に出張したりするスケジューリングもすべて自分でやっていました。

自分の仕事がいっぱいいっぱいなときは、アイデアはあるのに実行に移すことができない、というフラストレーションを感じることもありました。そこで、「そうか、スケジューリングや出張手配やその他もろもろ、自分の凸でもないことは、それが得意な人にやってもらえばいいんだ」と気づいて、秘書経験のある人を採用しました。

数ヵ月後に再会したときには、「このデキる秘書のおかげで、ボクにしかできない企画の仕事をやる時間がめちゃくちゃ増えて、あんなこともこんなことも始められるようになっちゃった！」とご満悦でした。

達海の流儀——「凸凹力」編

凸凹力についても、達海の流儀を具体的に分析してみましょう。3つあります。

❶弱みから強みを見抜く
❷活かすべき強みを見極める
❸強みをアクナレッジする

ひとつずつ、見ていきます。

❶弱みから強みを見抜く

「弱みは見つかるもの。強みは見つけるもの」という名言があります。

名馬の才能を見抜く名伯楽《はくらく》（発掘育成型コーチ）は、強みと弱みは表裏一体だとわかっているので、まずは見つかりやすい「発揮された弱み」に着目します。そして、「なるほど、こうネガティブに発揮されているということは、あの才能（凸）は持ってるはずだね」と見抜くのです。

あとは、その才能がポジティブに発揮されるように転換をしてあげれば、こいつは伸びるな、とわかるわけです。

では、「発揮された弱み」とは、具体的にどういうことでしょうか？

たとえば、「責任感」とは、「なんとしてでも自分の責任を果たしたいと思う資質」です。「責任範囲のことは、なんでも自分でやろうとしてしまう傾向」がある場合もあります。

責任感のある人は、かなりチャレンジングな仕事でも、それが自分のがんばりでやり切れる程度なら、そのための努力は惜しまずやり切ります。すると、まわりからの信用が高まり、期待もされて、地位が上がったりします。

それが繰り返されるうちに、あまりに過大な範囲を「自分の責任」として背負うようになってしまうと、「一人で多くの仕事を抱え込んだまま、責任を果たせる見込みのない状態」が続くことになります。そして、重い未完了のプレッシャーに押されて、0・9モードになってしまったりするのです。


ETUの監督に就任した達海はまず、0・9オーラを放っている村越に着目しました。

村越はキャプテンであり、クラブ生え抜きの「ミスターETU」。まわりからの期待が大きく、いつしか「自分の責任範囲はチーム全体」だととらえてしまうようになり、本来は監督の仕事であるはずのチーム事情やバランス、戦術まで抱え込んでしまいます。

それがプレー面にも影響して、本来は攻守の軸となるプレーが強みであるにもかかわらず、すべてを背負い込んでガチガチになっていることを、達海は見抜きます。

そこで、村越をキャプテンから外すことによって精神的負担を軽くし、「一プレイヤーとしての責任」について目を向けさせることで、今までチーム全体のために犠牲にしてきた自分の凸を活かすプレーの重要さを思い出させようとします。

その結果、村越は試合で、リスクを冒して思い切った攻め上がりを見せ、久しぶりとなるゴールを決めることができたのです。

責任感を事例にしましたが、強みと弱みが表裏一体となっているケースはほかにもたくさんあります。一例を挙げてみると、

凸——アイデアを考えるのが得意
凹——思いつきでまわりを振り回しがち
凸——仕事のクオリティへの要求水準が高い
凹——他人へのダメ出しが厳しすぎて仕事が進まない
凸——慎重に判断する
凹——リスクが見えすぎて行動に移れない

というイメージです。

❷活かすべき強みを見極める

右利きの選手が強みを磨くとしたら、右足と左足、どちらの練習をすればよいでしょうか？

『スペイン人はなぜ小さいのにサッカーが強いのか』（村松尚登著、ソフトバンク新書）という本に、こんなことが書かれていました。――日本人選手は、スペインだと左サイドバックとして重宝されるのだ、と。

その理由は、「日本人はまじめに練習するので利き足ではない足で蹴れるから」だそうです。右利きならうまいスペイン人はたくさんいるので日本人選手の出番はないが、左足で蹴れるスペイン人は少ないからレギュラーになりやすい、と。

このエピソードから、「強みは相対的である」ということがわかります。

自分では左足より右足が得意だからといって、それが強みになるかどうかは、まわりとの比較になるわけです。活かすべき強みは「右足」ではなく、「左足を練習しようとするまじめさ」かもしれないのです。

『ジャイキリ』でも、「ケーススタディ①」の紅白戦で、次のようなシーンがあります。

「サブ候補組」（ベテラン中心）が、「レギュラー候補組」（若手中心）に攻め込まれます。「サブ候補組」の村越が、味方にこう叫びます。

「集中しろ!! 俺達ETUは堅守が武器だろ!!」

それに対して達海はこうつぶやくのです。

「そいつは武器とは言わねえよ、村越。守って守ってカウンター、走れねえからそれしかできねえんだ」

つまり、達海は、「攻めより守りが得意だからといって、守りが強みと言えるわけではない」とわかっているのです。そして、何が活かすべき強みなのかを見出すべく、常に選手たちの凸凹を観察しているのです。

❸強みをアクナレッジする

「強みは自分が一番気づきにくい」からこそ、他人の強みをアクナレッジするという行為は絶大な効果をもたらすことがあります。**「凸凹力×1・1力」**の合わせワザです。

「ケーススタディ⑤」で、達海は、試合で得点した村越にこう言います。

「ま……あのゴールだけは良かった。あとさき考えずに、突っ走った結果じゃねーの? あの光景を頭に刻んどけ。地鳴りみたいなサポーターの歓声、ガキみたいに駆け寄ってくるチームメイトの顔、お前を長い間見てきた連中の答えが、あの瞬間に詰まってた。このチームの色……そいつはお前だ、村越。前だけ向いてろ」

そして、キャプテンから外した村越に向かって、キャプテンマークを投げ渡すのです。

達海は、「ミスターETU」と呼ばれる村越が、名実ともにクラブの中心的存在であることを最初から認めています。だからこそ、キャプテンの重荷を下ろさせ、プレイヤーとして強みを発揮できるようにすることで1・1の状態に戻し、そのうえで改めてキャプテンに任命したのです。

その際に、きちんと「このチームの色はお前だ。前だけ向いてろ」と伝えて、チームのすべてを背負わずとも、影響力のある存在であることに変わりはないのだと、自己重要感をアップさせる言葉を添えています。

以上の3つ、**「弱みから強みを見抜く」「活かすべき強みを見極める」「強みをアクナレッジする」**が、凸凹を活かすための達海の流儀です。

ストーミングステージは、メンバーがお互いの凸凹の理解を深めながら、パズルのピースがうまくハマる組み合わせを見出していくプロセスです。ピタッとハマる組み合わせが見つかり始めると、チームの成長法則のステージ3へと進んでいくことになります。

ストーミング体質（才能）の有無と、活躍のタイミング・スタイル

ストーミングへ誘うワザは、もちろん後天的に学習して身につけることが可能です。

ただ、そもそも持って生まれた体質として、「ストーミングを好むタイプの人」と「好まないタイプの人」がいます。その体質を「強み」として活かすためにはどうしたらよいかを理解しておくことが大切です。


キーワードは、**「自分の出番をわきまえる」**です。


どういうことか。

まず、ストーミングを好むか好まないかは、「ケーススタディ②」で黒田と赤崎が衝突し始めたときの、「達海と松原コーチのどちらに自分は近いか」という基準で判断するとよいでしょう（64ページ参照）。まわりで騒動が起きたときに、あなたはオロオロするタイプでしょうか？

それともワクワクするタイプでしょうか？

さらに、この「ストーミングを好むか好まないか」の軸に加えて、「影響力の有無」の軸を

ストーミング体質の有無と、活躍のタイミング・スタイル

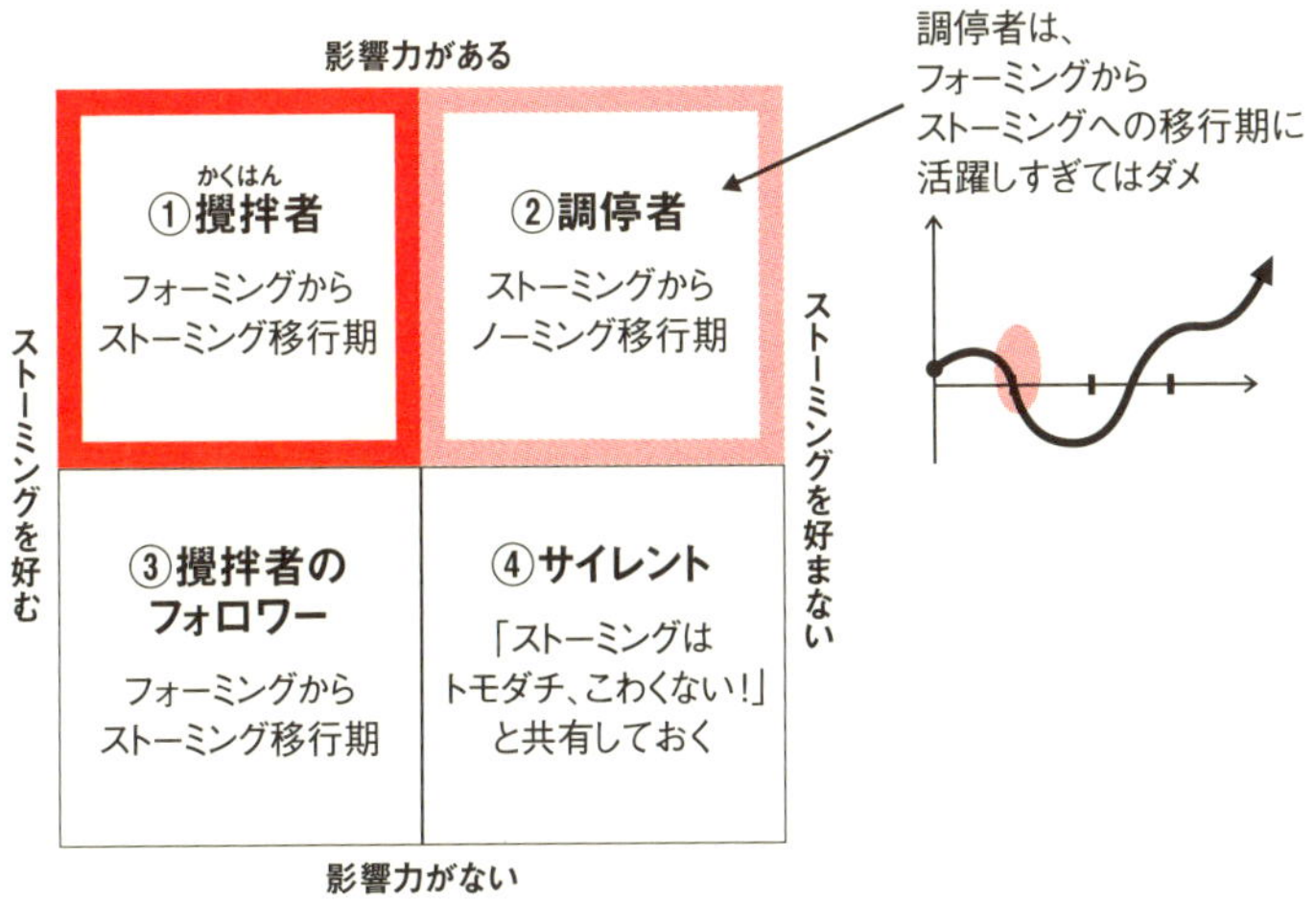

クロスさせることで、４象限にします（上図）。部下やメンバーの顔を思い浮かべながら、誰がどのタイプにあてはまるかをイメージして、以下を読んでみてください。

❶ストーミングを好み、影響力がある人（攪拌者）

このタイプは、フォーミングからストーミングへ移行するための起爆剤となる人です。

逆に、ストーミング後期には、ふるまいに注意が必要です。すなわち、ストーミング後期では、場に出た意見を収束していくことが次のステージに進むための条件なので、そこでかき回し続けるとムダにストーミングが長引いて、メンバーを疲弊させることになります。

ストーミング後期には、次の「調停者」にバトンを渡すのが攪拌者にとっての「自分の出番をわきまえたふるまい」です。

❷ストーミングを好まず、影響力がある人（調停者）

このタイプは、対立・衝突を調和し、チームに一体感をもたらします。みんなの意見を受け入れたうえで、調整したりまとめたりするのが得意な人です。

調停者は、フォーミングステージで活躍しすぎてはいけません。ストーミングに入ると、対立・衝突を解決したくてたまらない欲求にかられますが、グッとこらえて、みんなの意見が場に出る（ストーミング後期）まで待ちます。

そこからが出番です。出揃った意見を調整することによって、「自分たちのルール」を決めていくことが次のステージ3へ進む原動力となります。

❸ストーミングを好み、影響力がない人（攪拌者のフォロワー）

このタイプは、自ら最初の攪拌者になることはありませんが、変化を好み、「誰か面白いことやってくれないかな」と思っています。

このタイプの人の役目は、攪拌者が活動し始めたら、いち早く「いいね！」と言って一緒に活動すること。変化を起こす攪拌者は「爆弾」とか「変人」と思われるのが世の常です。なので、最初に「変人」ではないこの人が賛同し、フォロワーとなることで、さらに賛同者が増えるための導火線になるのです。

❹ストーミングを好まず、影響力がない人（サイレント）

このタイプは、対立・衝突が起こると動揺します。かといって、それを調停することもなく、ただドキドキしながら元の平和な状態に戻ることを願っています。

本書を読むようなタイプの人は、「A案とB案、どっちがいいと思うか」という問いに、自分の意見で答えられる人が多いと思いますが、サイレントな人たちは、「A案でもB案でもどっちでもいいから、モメないで」というのが「意見」だったりします。

そして、多くの組織では案外、サイレントタイプが多数派です。この人たちが変化を拒んだり、意見を主張したりすることを恐れているかぎりは、ストーミングは決して進みません。

この人たちの「わきまえたふるまい」としては、「ストーミングはトモダチ、こわくない！」と理解しておくこと。

また、「A案でもB案でもどっちでもいいと思っている場合」に、「自分には意見がない」と思いがちな傾向がありますが、「どっちでもいいから早く争いをやめてほしい」というのが立派な「意見」であると理解しておくことも重要です。「自分には意見はないから黙っておこう」と思うのではなく、サイレントな人たちを含めたみんなが意見を場に出すことでストーミングが進みます。

さて、ここまでのところで、「ストーミングの重要性と作法」、および、それを乗り越えるためにゲットしておきたい「1・1力」と「凸凹力」について考えてきました。

ストーミング後期になってみんなの意見が場に出ると、「このままじゃ、埒《らち》があかないよね」という状況が訪れます。それぞれの意見を尊重しつつも、自分たちに合ったやり方やルールを見出していく必要があります。

そのためには、試行錯誤と成功体験の積み重ねによる「コミュニケーションの質のアップ」がカギ。出てきた意見をまずはひとつ試してみる。うまくいかなかったら、別の意見を試してみる。何度かやっていくうちに、小さな成功体験をゲットする。それをもっとうまくやれるように練習してみる……、というアクションの繰り返しが、次のステージ3へとつながっていきます。

ただ、世の中のほとんどのチーム（と呼ばれている「グループ」）にとっては、「いかにストーミングを起こせるか」が目先の課題になるはずです。ここまでのところを実践に移してくれる読者が一人でも多く出てくれたら本望です！

とはいえ、「ストーミングの先にあるもの」がモヤモヤしたままでは、最初の一歩を踏み出しにくいと思いますので、次の章では、いよいよ「チーム」と呼べる状態になる「ノーミング」について考えていきましょう。

第2章のまとめ

- 達海ほどの腕と度胸がなくても、スムーズにストーミングを進めるための作法がある。
- ストーミングの本質は、意見を言うことで「自分ごと化」が進むこと。
- 「1・1力」で、相手の自己重要感をアップさせるコミュニケーションを。
- 「凸凹力」で、みんなが強みを最大限に活かせる組み合わせを見つけ出す。
- 攪拌者と調停者が、自分の体質をわきまえたふるまいをすることで、ストーミングがスムーズに。

やってみよう

★「ストーミングで解散しないための5つの作法」（90ページ参照）について、みんなで話し合う。

★「なぜ○○したのか」という責任追及フレーズを使ったらアウト、というゲームをみんなでやってみる。

★「ストーミング体質の有無と、活躍のタイミング・スタイル」（134ページ参照）について、みんなで話し合う。

第3章

チームワークの誕生

［ステージ3　ノーミング］

「組織として差が出るのは、
個々がどれだけ役割以上のことが出来るかだよ」

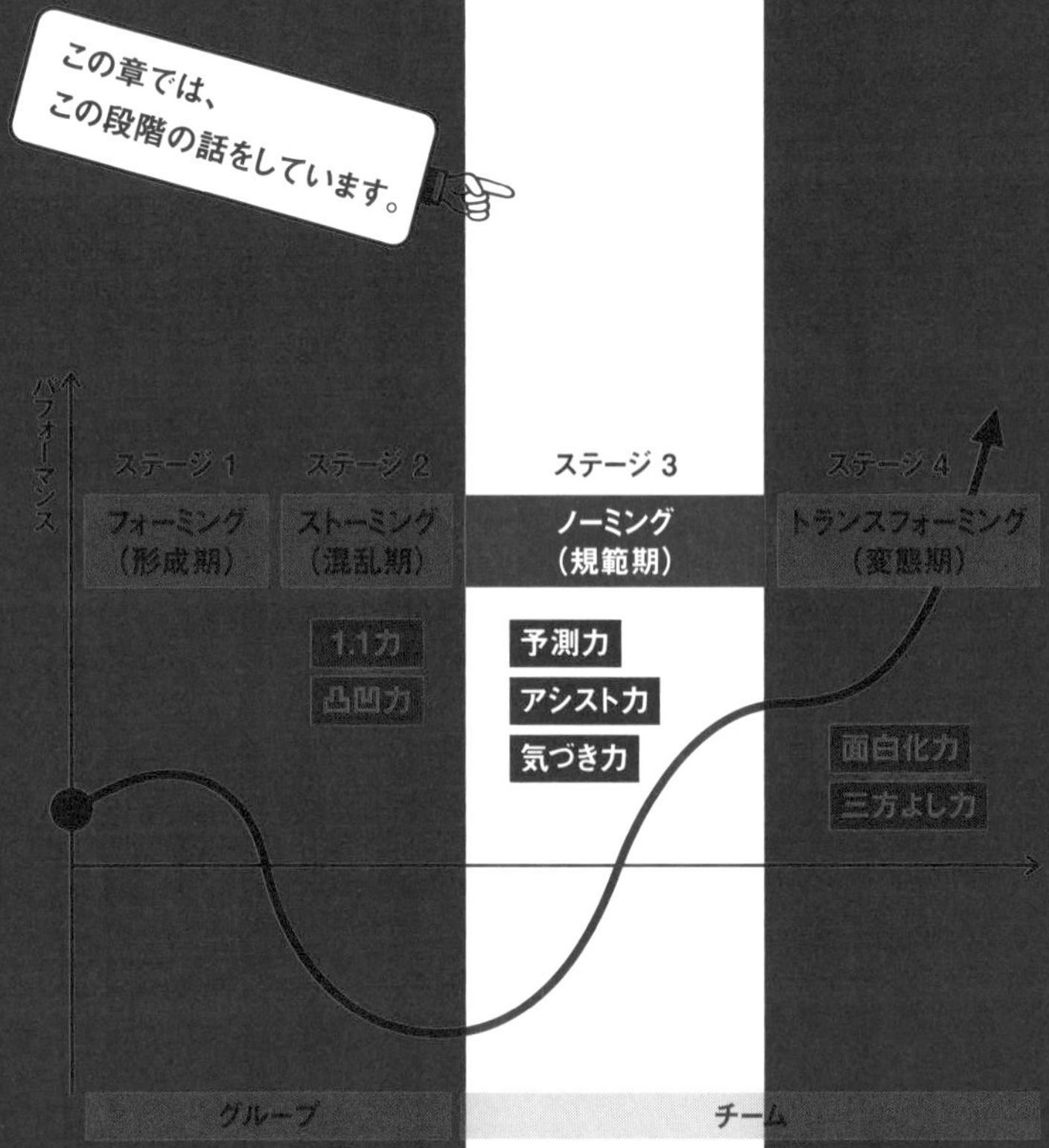
この章では、
この段階の話をしています。
パフォーマンス
ステージ 1
フォーミング
（形成期）
ステージ 2
ストーミング
（混乱期）
1.1力
凸凹力
ステージ 3
ノーミング
（規範期）
予測力
アシスト力
気づき力
ステージ 4
トランスフォーミング
（変態期）
面白化力
三方よし力
グループ
チーム

「ストーミングの先」には何が？

この章では、いよいよ「チームの成長法則」のステージ3、チームワークが生まれてくる「ノーミング（規範期）」へとステージアップしていきます。

しかしその前に、『ジャイキリ』は、「ストーミングの結果、成功体験をゲットしても、ノーミングに進めるとはかぎらない」ということを教えてくれます。深いです。

ケーススタディ⑥　ストーミングのヤマを越え切ることができなかった場合

ストーミングの過程で、「初勝利」という小さな成功体験をゲットしたＥＴＵ（第5巻#47の名古屋戦）。その後、連勝するも一転、4試合にわたって引き分け続きに。次の試合では、前半を1点リードされた後のハーフタイム中に、フラストレーションをため込んだ若手の赤崎が、ロッカールームでベテラン勢を相手に不満をぶちまけ、またもや乱闘へ。

「止めなくていいのー!?」の声に、達海は、「いいんじゃない？　やらせとけば。面白いもんでさ、引き分けの時って、チームの状態がよく見えるんだ。例えばね……」と語り始める。

ストーミングのヤマを越え切れなかったら……？

ストーミングの過程で、「初勝利」という小さな成功体験をゲットしたETUはその後、連勝から一転、4試合にわたって引き分け続ける。フラストレーションをため込んだ若手の赤崎が、試合中のロッカールームでベテラン勢を相手に不満をぶちまけ、またもや乱闘へ。

試合後に
選手全員が
悔しそうな顔
してたら
それはチームの
課題が残った
試合……
で
逆に
それなりに
満足げな顔を
してたら
それは
全員で何とか
しのいだ試合……
……
ギャー
いや……
あのね……
そんな場合じゃ
そんな中で
一番
良くないのが
全員が
バラバラの顔
してること
ここ
数試合の
あいつらだ

「止めなくていいのー!?」と問われた達海は、「いいんじゃない?　やらせとけば」と受け流し、「面白いもんでさ」と問わず語りにその理由を語り始める（第6巻#57）。

達海によれば、引き分けの試合で、選手全員が悔しそうな顔をしていたら「チームの課題が残った試合」。逆に、それなりに満足そうな顔をしていたら「全員で何とかしのいだ試合」。

そんななかで一番よくないのが「全員がバラバラの顔してること」だと言います。それが、「ここ数試合のあいつらだ」と。

この「引き分け」をビジネスにたとえるなら、「売上が前年同月比プラスマイナスゼロだったとき」や、「イベントが事故もなく無事に終わったとき」などでしょうか。

チームの成長ステージは、前に進んでいくだけのものではありません。後戻りすることもあります。

ストーミングしながら成功体験をつかんだからといって、必ずしもストーミングを「乗り越えた」ことにはならないのです。油断してはいけない理由です。

このシーンで、「引き分けのときにバラバラの顔をしている」というのは、フォーミングの典型です。ＥＴＵは、いつの間にか、ストーミングよりも前の段階に戻ってしまっていたのです。

達海はこう言います。

「俺達は連敗の後、連勝して、今度は引き分け続き。強くなってんのかどうか、わかりづらい結果になってる。ETUはただでさえ長いこと低迷していたチームだし、今年は経験の少ない若手も多い。だからバラバラになっても仕方ないと言えば仕方ないけど……、こうなってくれりゃ大丈夫そうだ」（第6巻#57）

（ワーワー言い合っている選手たちを見て）

ここからわかるのは、ETUには「全員で共有された価値基準がないこと」です。試合に勝てば、みんな結果には満足できます。試合に負ければ、誰も満足はできません。これらは一般的な価値基準としてほぼ共有されているので、「バラバラの顔」になることはそれほどありません。

結果が「引き分け」だからこそ、価値基準が問われるのです。

各メンバーが「自分の価値基準」を場に出すのがストーミングの本質であることを達海はわかっているので、ワーワー言い合っている選手たちを見て、「こうなってくれりゃ大丈夫そうだ」というセリフが出てくるわけです。

達海はこう続けます。

「伸び方ってのは、人それぞれあるもんだ。でも、チームってもんはひとつしかねえ。勝ちたがってんなら、その想いをケンカしてでもすり合わせりゃいい。そうすりゃ相手の考えがわかる」

まさに、ストーミング（ケンカしてでもすり合わせ）を乗り越えて、チームが成長していくという法則を表現している一言です。

では、ストーミングを乗り越えた先にある**「ノーミング（規範期）」**とは、どんなステージなのでしょうか。ノーミングの特徴をまとめると次のようになります。

◉小さな成功体験を繰り返すうちに、チームの暗黙のルール（行動規範）が築かれていく。

◉ビジョン、メンバーの役割と責任範囲が明確になっていき、「自分はチームのために何が

できるか」が見えてくる。
◉影響力が大きく、方向性を決める人がリーダーとなり、任命されたリーダーは形式化する。
◉情報（知識、技術、マインド）の共有が進む。共通言語が生まれ、「私たちのやり方」「ウチのチームは」という表現がメンバーの口から出るようになる。

ノーミング（norming）の「norm」とは、「規範」の意味です。「自分たちのチームでの決め事やルール」のことです。

試行錯誤を繰り返すなかで、ジグソーパズルのピースの凸凹がピタッとハマる組み合わせが見つかっていき、「うん、俺たちはこの組み合わせでいこう」というのが決まっていくイメージです。

では、パズルをつくるときに、必要なものは何か？

「完成イメージ」です。パズルの箱に描かれた完成図。それが「チームのビジョン」にあたります。この点について、「チームワーク7つの力」のひとつ、「予測力」が関係してきます。

そこで、ノーミングステージで知っておきたい「7つの力」をみていきましょう。「予測力」「アシスト力」「気づき力」の3つです。

チームワーク7つの力③
予測力――「息の合ったチーム」をつくる

ジャイアントキリングを起こす「チームワーク7つの力」、3つめは「息の合ったチーム」をつくるための「予測力」です。

「息が合う」とはどういうことなのか、『ジャイキリ』のストーリーから入っていきましょう。

ケーススタディ⑦ ビジョンを共有する

首位を独走する大阪ガンナーズ戦を前にしたミーティングで、ある作戦を共有する達海。黒田が「作戦は面白《おもしれ》えんだけどよ、そんなに上手くいくもんか?」と疑問を呈します。達海が語り出したのは、「試合を面白がれるかどうか」の重要性でした。

――作戦どおりいけば、それは面白い試合になる。観客が盛り上がる。自分たちも余計楽しくプレーできる。

そういうときこそ、自分の想像を超えたいいプレーができてしまう。結果的に、今季負けなしの大阪を、自分たちが初めてやっつける……というビジョンを共有し、

「ほーら、面白いことずくめだろ？」

と問いかけます。達海の言葉を聞いたイレブンはみな、引き締まった良い表情に変わっていきます。

ビジョンを共有せよ

監督に
バカとはなんだ
バカタレー！
上手くいくも いかねえも お前ら次第 だけどね
上手くいくと 思ってっから
俺は この作戦を 立てたんだ
大阪が 4人FW《フォワード》いるっ つってもよ……
ウチだって DF《ディフェンス》は 4バックで 臨むんだ
数じゃ 負けて ないぜ？

首位独走の大阪ガンナーズ戦を前に、ある作戦を共有する達海。「作戦は面白えんだけどよ、そんなに上手くいくもんか?」と疑問を呈した黒田に対し、達海が語り始めたのは、「試合を面白がれるかどうか」の重要性だった。

面白い試合になれば観客も盛り上がる
お前達も余計楽しくプレーできる
そういう時だよ
自分の想像を超えたいいプレーができちまうって時は！

作戦どおりにいけば、面白い試合になる。観客が盛り上がる。自分たちも余計楽しくプレーできる。そういうときこそ、自分の想像を超えたいいプレーができる。結果的に、今季負けなしの大阪を、自分たちが初めて撃破する——。「ほーら、面白いことずくめだろ?」と問いかける達海の言葉に、イレブンはみな引き締まった表情に変わっていく（第7巻#59）。

このようにビジョンを共有することで、「うまくいっているかどうかの判断基準」が共有されるのがポイントです。

いったん『ジャイキリ』から離れますが、「息の合ったプレー」で思い出すことがあります。かつてテレビで見た、サッカーのチャリティーマッチです。「ワールドサッカーマスターズ」という往年の名選手が集められたチームのプレーが、まさに「息ピッタリ」だったのです。

おそらく、メンバーのなかには初対面の人もいただろうし、ほとんどチーム練習もできていないはず。それなのに、いいポジションに選手がいるし、その選手に絶妙なパスが出て、ボールがポンポンポン回っていきます。意思の疎通を感じられるプレーを即興でやっているのです。

なぜそのようなプレーができるのでしょうか？

「ツボ」を心得合っているから、初対面でもお互いがどう動くのかの「予測可能性」が高いのです。

この「メンバーがどのような動きをするか、互いに予測できる力」を「予測力」と言います。

では、その「予測力のツボ」とは何なのか。３つあります。ワールドサッカーマスターズに

あてはめてみると……、

◉互いのプレースタイルを理解している（凸凹の相互理解）
◉サッカーの理解度が高いレベルで一致している（理想の共有）
◉動けなくなっている度合いも相互に理解している（現実の共有）

それぞれが超有名選手なので、「あの選手はこういうボールを欲しがる」とか「あの選手ならこういうプレーをしてくれるはず」のように、お互いのプレースタイルや凸凹がだいたい共有されています。また、そのようなベテランの名選手は「一流のサッカーとはこういうもの」と本質レベルでわかっているので、「どこにポジショニングすればよいか」「どこにパスを出せばよいか」のイメージや判断基準が、すり合わせずとも共有されているのでしょう。

さらに、体力が落ちて走れなくなっている度合いもわかるので、「スペースではなく足元にパスを出そう」という暗黙の了解があることも見受けられます。

ビジネスのシーンで言えば、「田中君、こんな感じの資料をつくってくれないか」「それなら昨日つくっておきました！」という感じです。

このように、「凸凹の相互理解」を前提にして「理想の共有」と「現実の共有」が進むと、息の合ったプレーが可能になるのです。

予測に使えるシンプルな公式①「課題＝理想－現実」

予測可能性をアップさせるために有用な公式が2つあります。ひとつが、これです（数式がニガテな方もご安心ください。公式と言っても、あくまで「イメージ」を伝えるためのものですので）。

「課題＝理想－現実」

たとえ詳しい地図を手にしていたとしても、目的地（理想）と現在地（現実）がわからなければ、どっちへ向かえばよいか判断できません。理想と現実の両方がハッキリして初めて、方向性やルートが定まります。

これをリーダーだけが理解しているというのではダメで、みんなで「共有」することによって、初めて予測可能性がアップするのです。シンプルですがとても大切な、でも意外と忘れられがちなことです。


ビジネスでいえば、売上や利益など、さまざまな指標の「理想」と「現実」を常にメンバーと共有しているかどうか。「今月の売上目標がいくらで、今日現在の売上がいくら」という数字をみんなで共有できている会社は、意外と少ないのではないでしょうか。

ある会社では、ネットショップの売上額や売上件数、アクセス人数、転換率（購入率）、客単価、レビュー点数など、数多くの指標の目標値と実績値をみんなで共有しています。その指標の実績値の推移によって、「今、誰が何をすべきか」が変化していく予測が立てやすくなります。

これに対して、「会社全体のことを考えているのは自分だけ。いつまで経っても〝右腕〟が育たない」と嘆いている人は、そもそもこの「共有」ができていない場合が多いのではないかと思われます。

なお、ここで言う「共有されるべき理想」には、ミッション（志・理念）、ビジョン、ゴール（目標）、価値基準、行動規範、方針（戦略）、手法（戦術）、指標（測定基準）などが含まれます。

続いて、「現実の共有」については、「今ここ」がどうなっているのかのフィードバックの仕組みがあって、「全員が同じ情報を持っていること」が重要です。典型は、各自の営業実績を書き出すホワイトボード。サッカーの戦術ボード（グラウンドの形をしたボードにマグネット等で選手の布陣を表すもの）も、同じ用途で使われます。

もっと単純な「現実の共有」の例もあります。

ある会社では、就業スペースが分かれていたのをワンフロアにしたところ、お互いの姿が見えるようになって、忙しい人をアシストする流れが自然にできたと言います。もしかすると、もともとみんな、チームのメンバーのことを手伝いたい気持ちがあったのに、お互いに何をしているのかがわからないから手伝えなかった、というだけなのかもしれません。

特に最近のように、パソコンに向かっている仕事が多くなればなるほど、「誰が忙しいのか（現実）が目に見える工夫」が大事になってきます。

最後に、「課題＝理想－現実」の「課題」とは、理想と現実のギャップを埋めるために何をしたらよいか、です。課題が明確だと、「いつまでに」「何をやるか」という、アクションプランが明確になります。

月次や週次で「アクションプラン共有会」などを開催し、各部署がチームとして「いつ、どういうアクションをするのか」が共有できていれば、予測の精度が高まります。日報メールに、「明日やることリスト」を書いておくことも、同僚にとっての予測可能性を高める方法のひとつです。

なお、「目標は設定して管理しているが、むしろそれが諸問題の温床になっている」という場合もあるでしょう。それは「目標管理」を〝コントロールの道具〟として使っているからです。

特に、フォーミングステージにおいて、個人別に目標設定をし、厳密に進捗管理をするという手法を採った場合に、「諸問題の温床」となりやすいので注意が必要です。

この本において、「(目標を含む）理想の共有」などを「ノーミング」の章で取り上げているのは、ストーミングを越えて、「理想（目標)」が他人事から「自分ごと化」した後だからこそ、それが効果的に機能するというメッセージを込めているからです。

達海の流儀――「予測力」編

ここまでの話を前提に、「ケーススタディ⑦」をみていきましょう。注目ポイントは、達海による「理想の共有」のしかたです。

達海は、自ら考案した「ある作戦」で「方針・手法」を共有したうえで、「面白がる」という「価値基準」を示します。さらに、「面白がることで期待を超えたいいプレーをし、負けなしの大阪をやっつけ、最高に面白がれている自分たち」という「ビジョン」も共有しています。この場合のビジョンとは、「ゴールとそこに至るプロセスのイメージ」です。

ここで、予測力と「チームの成長法則」の関係について触れておきます。

理念や現実の共有が進んだチームに、一人でも新メンバーが入ってくると「共有状態」が崩れてしまうことになるので、フォーミングに戻ります。会社などで「新人研修」をやる意味のひとつは、そこにあります。チームのビジョンや価値基準を新人とも共有できれば、フォーミング度合いを大幅に下げずにすむからです。

新人研修の内容を見れば、その組織の状態がだいたいわかります。

「社外」の講師などによる「一般的」な内容の研修や、先輩社員による業務プロセスのような「やり方」の研修がほとんどを占めていれば、チームづくりの視点がまったく欠けている証拠です。

その新人は、配属されても先輩から「使えない」と思われてしまうし、配属先の職場のメンバーで一から「理想の共有」をしなければなりません。現場に配属されれば、「現実」や「アクションプラン」と毎日向き合うことになる反面、理念やビジョンなどの「理想」を忘れがちになるものです。したがって、よい新人研修は、「理想の共有」のウエイトが高くなります。

こんなタイプの人はいないでしょうか。

新しいプロジェクトが発足して、ミーティングを進めていると、1週間後に新しいメンバーが一人、翌週にはまた一人増えて……と、五月雨《さみだれ》式にメンバーを呼び込んでくる人。プロジェクトにいろいろな才能を集めたい、という純粋な気持ちからくるものかもしれませんが、これだと「万年フォーミング」になってしまいます。

いったんメンバーを固定して、ノーミングまで到達した後で新メンバーに加入してもらうほうが、効果的な場合が多いでしょう。

さて、達海の流儀「予測力」編について、「ケーススタディ⑦」の続きがあります。

ケーススタディ⑦ 続き

大阪2点リードで前半を終えたハーフタイム、0・9ムードが漂うロッカールームで、達海は選手たちにこんな話を始めます。

「なんだなんだ、俺だけか。この試合、面白くなると思ってんのは。俺、言ったろ? 大事なのは、お前らがこの試合を面白がれるかどうかだって。(中略) ボールボーイ3人とカメラマン2人に聞きました。『この試合……ETUが後半大逆襲したらどう思いますか?』の問いに……（中略）一人の少年が勇気を振りしぼって言ってくれました。『そうなったら……スゲー面白い試合だと思います』。結果的に、全員がその意見に賛同しました」（第8巻#70）

ここでの注目ワザは、3つです。

❶「第三者評価」の活用

組織外の人からの評価をフィードバックに用いることによって、「理想（ビジョン）」に客観性を持たせていること。

ある会社では、新春講演会として社外の人（社長の友人など）を招いて社内向けに講演をしてもらっています。そこで、「おたくの会社はこういう理想を掲げて、こんな意義のある活動をしているのがすばらしい！」というような話をしてもらうと、ふだん社長から聞いているのと同じ話なのに、いつもとは違った印象で「スタッフの自己重要感アップ」につながることがあります。

❷「面白がってくれる人の笑顔」という新たなビジョンを描き出したこと

達海が持ち出した「ファンの笑顔」に代表される「誰かの笑顔」というのは、最も強力なビジョンなのです！　すべてのビジネスにおいて、お客さんの笑顔をビジョンとして共有できれば、その組織はチームになれる可能性がグッと高まります。

❸状況が変わったあと（ハーフタイム）でも同じ価値基準を言い続けたこと

達海は、相手に2点リードされ、試合開始前とは状況の変化が生じていても、「面白がれるか」という価値基準は変わらないことを明示することで、メンバー各自がバラバラな考えになることを回避しています。

ここでポイントにしているのは、「ブレないことが大事」ということではありません。状況の変化にともなって、変えることと変えないことがあってもよいのですが、それがどちらであれ、「改めて共有する」ことが重要だという視点に注目してください。

以上の3つによって、後半戦に向けて選手間の「予測可能性」が高められていることになります。なお、ここでは余談となりますが、ビジョンや価値基準を共有することで、メンバーにやる気がみなぎってきている点にも注目です。すなわち、ビジョンの共有というアクションは、「予測力（アップ）」と「(意味を与える）1・1力」との合わせワザになっているのです。「7つの力」はそれぞれ独立したものではなく、相互につながり合って、影響し合うものなのです。

予測に使えるシンプルな公式②「判断＝価値基準×インプット情報」

予測可能性をアップさせるために有用な公式の２つめが、これです。

「判断＝価値基準×インプット情報」

人の判断というのは、「価値基準」に「インプットされた情報」が掛け合わされたものとして出てくる、ということを示しています。この「価値基準」および「インプット情報」が共有されていないと、他人から「ウチの社長の判断はブラックボックスだからさっぱりわからない」と言われてしまうわけです。

「チームメイトがどう判断するか」の予測の精度を高めるためにできるのは、まず価値基準を共有すること。行動規範（まさに「ノーム」！）や方針といったものも含まれます。

価値基準の共有で大事なのは、「許容範囲」を共有することです。正解が決まっていない課題の場合、「ここまでがOKゾーンで、ここからはNGゾーン」というラインを共有できているかどうか。「自分たちのチームらしさ」の範囲と言ってもいいでしょう。

たとえば、ジュエリーメーカーのチーフデザイナーがいて、メンバーが上げてきたデザインを「ウチらしくない！」とボツにしたとします。それが繰り返されたりすると、「どうしたら『ウチらしさ』がわかってもらえるんだろう……」と悩むわけです。

「ほら、ウチの作品のラインナップを見れば、ウチらしさがわかるでしょ？」と言っても、伝わらない。そういう場合は、「ウチらしくない理由」を明確にして共有します。

絵画の世界に、次のような教え方があると聞きます。

「親指を描きたいなら、親指を描こうとしてはいけません。親指のまわりの空間を描きなさい」

つまり、「ウチらしさ」を伝えるためには、「ウチらしくないもの」を並べていくことで、それが一定の数を超えると、相対的に「ウチらしいもの」が浮かび上がってくるという考え方です。

これが「価値基準を共有するコツ」のひとつです。

ちなみに、ネットで「経営理念」と検索すると一番に出てくる「面白法人カヤック」という会社には、「それって漫画っぽい？」というキーワードがあります。「らしさの範囲」を判断しやすくする、秀逸なキーワードだと思います。

これまでみてきたように、ノーミングステージのチームで「自分たちのチームの決まりごとが増えていく」というのは、価値基準の内容が豊かになりながら共有されていくことを指しています。

では、「判断＝価値基準×インプット情報」という公式について、さらに考えてみましょう。互いの予測の精度を高めるためにできることの2つめは、「インプット情報」を共有すること。すなわち、「変化をとらえるための視点（どこを見ているか）」を共有し、「その視点がどう変化したか」を共有することです。

インプット情報がバラバラだと、価値基準が一緒でもまったく異なる判断が出てきてしまいます。「社内研修で価値観の共有に力を入れているのに、いつまで経っても右腕が育たない」という悩みを持っているリーダーは、自分が持っているインプット情報をメンバーと共有せずに、自分だけで抱えている割合が多すぎる可能性があります。

「見えているもの」をできるだけ同じにすることで、予測可能性が高まるのです。

『ジャイキリ』には、状況が変わったことによって予測力が下がり、敗北を喫してしまうシーンが描かれています。「2対0で勝っていたチームが逆転されるシーン」です。

サッカーの世界では、「2対0はセーフティリードではない」と言われます。逆転されたり引き分けに持ち込まれたりするケースがたびたびあるという経験則を示しています。

◉そもそも2対0になったことで、「もう大丈夫かな」という油断が生まれやすい。

◉1点返されると2対1、あと1点で同点。しかも、流れは1点返したほうのチームに行っていたりする。

◉そこで「浮き足立つ」と、ホントにもう1点取られて2対2になる。

◉その勢いでもう1点取られ、逆転される。

こんなことがたびたび起こります。この「浮き足立つ」という部分を「予測力」の視点で詳しくみてみましょう。

2対1にされたときに、「もっと攻めて3対1にする」のか、「もう失点しないようにガッチり守って逃げ切る」のか、という部分の価値基準が明確でないと、メンバーの判断にバラツキが出ます。ひいては、ゲームの進め方のビジョンがバラバラになります。

そうすると、自分たちがボールを奪ったときに、攻めにいきたい人、パスを回して時間を稼ぎたい人が混在するため、互いの動きの予測可能性が下がっていくのです。

その点で、スペインのＦＣバルセロナというクラブチームは、カンテラと呼ばれる下部組織でのトレーニングを通じて、一貫して同じ価値観の共有をしています。小学生の頃からずっと、「サッカーというのはこういうものだ」とか、「バルセロナらしさとはこうだ」のようなビジョンや価値基準を教えられ続けて育ってくるので、トップチームに上がってきたときは、心技体すべてにおいて正真正銘のバルセロナプレイヤーになっているのです。

したがって、互いの予測力が高いがゆえに、目の覚めるような華麗なパスワークを強みとしたゲーム展開が可能となるのです。

このように、「理想の共有」は、やったらすぐに成果が出るものというよりは、長い時間をかけて染み込むように続けていくもの。「息が合う」というのは、文字どおり呼吸が合うことです。「体に染み込んで意識しなくてもできる状態」まで持っていけることが、まさに理想です。

そのために、効果的なアクションは次の2つ。

❶明文化する

❷明文化したものをベースに、確認と共有を繰り返す

特に、②をやることで、効果は10倍増です。

一つひとつの行動（あてはめ）が「理想」に合っているかどうかを確認します。「チーム練習」をやる意味は、この②の作業をすることによって予測可能性を高めるためと言っても過言ではありません。

額縁に入った「理念」が壁に掲げられている会社は少なくないですが、**理念は掲げるものではなく、「使うもの」**。掲げられている理念を誰も覚えていないならフォーミング。みんなで使っているのがノーミングです。

私が所属する「楽天」という会社には、「成功の5つのコンセプト」という行動規範があります。

毎週1回の朝の全社ミーティングの際に、社長が「成功の5つのコンセプト」を1ヵ条ずつ

5週にわたって話すということを、創業以来、年に1～2度のペースでやり続けています。

同時に、最近の出来事について、社長が「自分たちの価値観に照らすと、この件はこう判断することになる」という話をすることで、「視点」や「許容範囲」の共有、すなわち「らしさの共有」も進んでいきます。

また、楽天にとっての顧客である「楽天市場出店者」に対しても、「同じビジョンに向かう仲間」として、社長がイベントの際、行動規範の逐条解説をするようなことを継続的にやっています。そのイベントで配付されるノベルティグッズ（ノートやマウスパッド等）にも、「成功の5つのコンセプト」が印刷されていたりもします。

世界一のインターネット・サービス企業へ

成功の5つのコンセプト

①**常に改善、常に前進**

人間には2つのタイプしかいない。
【GET THINGS DONE】
様々な手段をこらして何が何でも物事を達成する人間。
【BEST EFFORT BASIS】
現状に満足し、ここまでやったからと自分自身に言い訳する人間。
一人一人が物事を達成する強い意志をもつことが重要。

②**Professionalismの徹底**

楽天はプロ意識を持ったビジネス集団である。
勝つために人の100倍考え、
自己管理の下に成長していこうとする姿勢が必要。

③**仮説→実行→検証→仕組化**

仕事を進める上では具体的なアクション・プランを立てることが大切。

④**顧客満足の最大化**

楽天はあくまでも「サービス会社」である。
傲慢にならず、常に誇りを持って
「顧客満足度を高める」ことを念頭に置く。

⑤**スピード!!スピード!!スピード!!**

重要なのは他社が1年かかることを1ヶ月でやり遂げるスピード。
勝負はこの2～3年で分かれる。

そのような予測力のベースがあるうえで、「今どうすべきか」を共有するための明確なメッセージがあると、効果が最大になります。

サッカーの2対0の話でいえば、監督がメッセージを送るための大きな手段は「選手交代」でしょう。攻めの選手を下げて、守りの選手を入れれば、「守り切るぞ」というメッセージですし、その反対ならば「もう1点取りにいけ」だとわかります。

これが「同じポジション同士での交代」のような複数の意味に解釈できるメッセージだと、選手たちの迷いが深まり、お互いの予測可能性が下がることになりかねないわけです。

こうして、理想と現実を共有し、お互いの行動の予測可能性が高まることによって、次の「アシスト力」につながっていきます。

チームワーク7つの力④
アシスト力――「信頼し合うチーム」をつくる

アシストとは、他人の仕事を手伝うことです。

このアシストこそ、チームワークの始動スイッチ。アシストがないと、いつまで経っても有機的なつながりのあるチームワークは生まれません。

本書では「グループがチームに成長する」という考え方を採っていますが、「チームワークがないのがグループで、あるのがチーム」と言い換えることもできます。

チームワークの始動スイッチが入っていない組織では、あのフレーズが横行します。

「それは私の仕事ではありません」

自分に与えられた業務だけをこなしている、フォーミンググループの証と言えます。では、どうすればアシストが生まれるのでしょうか。

「サッカーは寸足らずの毛布みたいなもの」というサッカー格言があります。

寸足らずの毛布というのは、首元が寒いなと思って引き上げると足が出て、足が寒いと思って下げると首元が出てしまう、そういう長さの毛布のこと。つまり、やるべき仕事が10あるとして、リソースがどう考えても9とか8しかない、サッカーでいえば空いたスペースができてしまう、そんな状態です。

ビジネスに置き換えると、昨今のスピード化による「次から次へとやることが湧いてくる」状況や、「マネージャーがプレイヤーを兼務せざるを得ない人材不足」の状況など、まさに慢性的な「寸足らずの毛布」になっているといえます。ゆえに、アシスト力の重要性がきわめて高いのです。

そうなったときに、みんなで声を掛け合って、人手が足りない分をカバーし合うことによって、「さっきは手伝ってくれてありがとう。次はお前のところを手伝うよ」というアシストスパイラルが生まれてきます。心理学で「好意の返報性」と言われるものです。

好意を持つようなことをしてくれた人には好意を返したくなる。その好意をキャッチボールしているうちに、それがだんだん強いものになって、「この人は信用できる」という存在に格上げされ、それがさらに強い「信頼」に育っていくことによって、全体的に信頼し合えるチームになっていく。そんなイメージです。

逆に言えば、お互いに助け合わなくても各自のがんばりでこなすことができる仕事量で、かつ、役割分担をガッチリやってしまうと、アシストが生まれにくくなります。さらに、いつの間にかセクショナリズムが出てきて、担当業務と担当業務に隙間が生まれ、そこから大切な何かが漏れていく、という問題が起きやすくなったりします。

野球でいう「お見合いによるポテンヒット」です。その「漏れた問題」を解決するために、新たに部署を設置して……、という繰り返しになる。そうやって肥大化した結果が、大企業病につながっていくのです。

『ジャイキリ』では、達海が「アシストの効いたチーム」を目指していることがわかるシーンがいくつかあります。達海語録を集めてみましょう。

「DFは相手の攻撃防ぐのが仕事……FWはゴール狙うのが仕事。それは最低限の役割……役割をおろそかにしてたらゲームは成り立たない。でも、組織として差が出るのは、個々がどれだけ役割以上のことが出来るかだよ」（第14巻#132）

「各々の垣根を越えて、自分の役割以上の仕事をする……それが俺の憧れるクラブの形だからね」（第16巻#152）

達海が、ピッチ上の11人だけでなく、フロントも含めたクラブ全体として「アシストの効いたチーム」になることを志向しているのが見て取れます。

「自分の仕事の範囲」はどこまでか？

このように、アシスト力では、「他人の仕事を手伝うこと」がキモになりますが、その大前提として、「自分の仕事をやり切ること」が求められます。

「手伝えって言われたから手伝いました。自分の仕事はできてませんけど何か？」というのでは、アシストとは言えません。

そこで、「自分の仕事の範囲はどこまでか」ということについて、考えてみます。

やや唐突な質問ですが、陸上競技のリレーと水泳のリレーの違いって、すぐに思いつくでしょうか？

大きな違いは、「バトンタッチゾーンの有無」です。

陸上のリレーにはバトンタッチゾーンがあるので、100mを10秒で走る4人でリレーをすると、40秒を切る記録が生まれます。バトンタッチゾーンがない水泳の400mリレーでは、4人の選手の100mの記録を合計したタイムにしかなりません。

陸上のバトンタッチゾーンでは、バトンを渡す側にとってもバトンを受ける側にとっても「自分の仕事」。第2走者が受け取りやすいようにバトンを渡すのが第1走者の仕事で、同時に、第1走者が渡しやすいようにバトンを受けるのが第2走者の仕事になるわけです。

「自分の仕事」「他人の仕事」と言ってしまうと、あたかも土地の境界線のように、「ここまでが私、ここからがあなた」という分け方をイメージしやすいかもしれませんが、それは違います。アシストが効いているチームというのは、重なり合ったバトンタッチゾーンがあって、**「自**

【アシスト力】リレーのバトンタッチゾーンをつくる

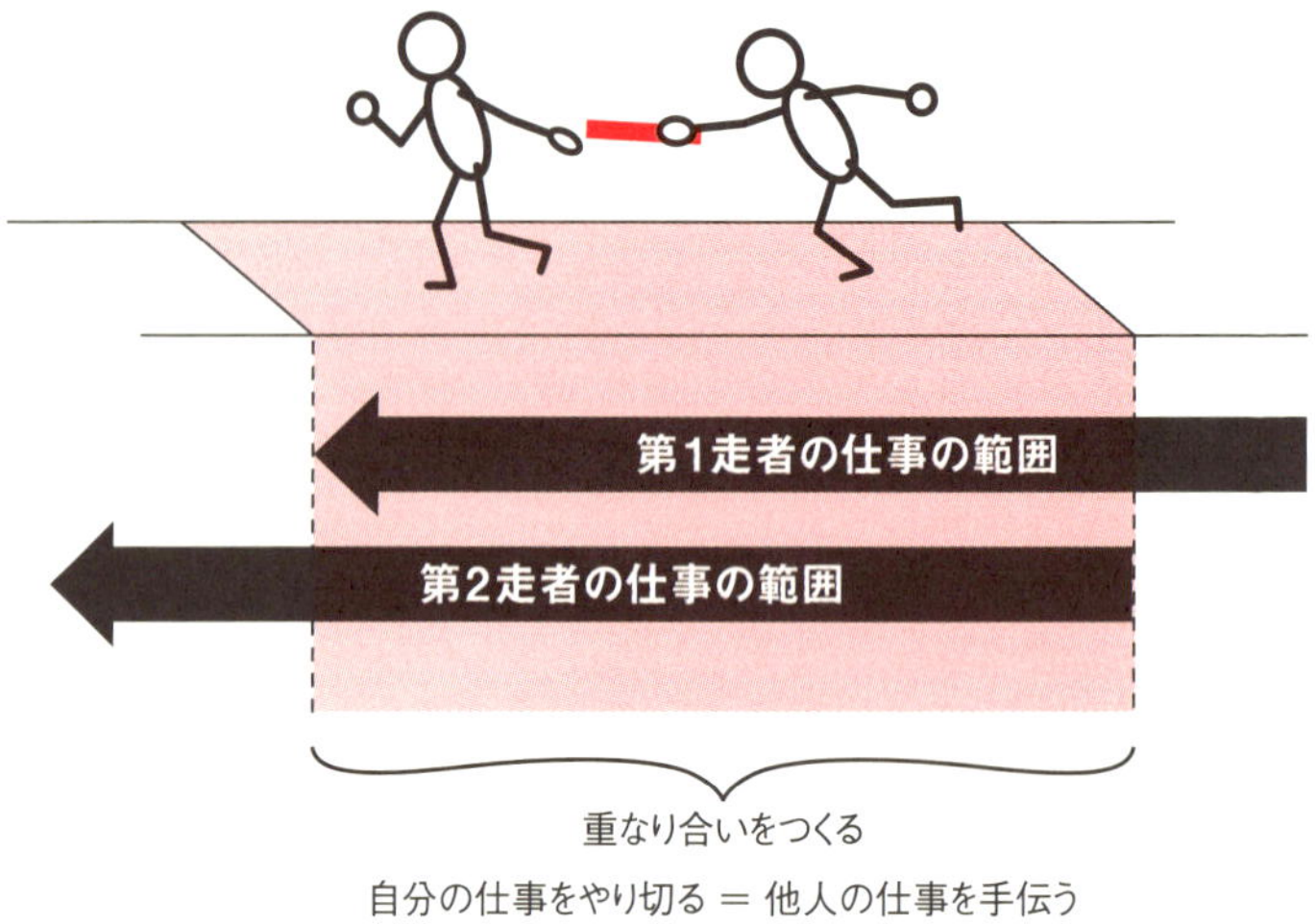

分の仕事をやり切ること＝他人の仕事を手伝うこと」になっているのです。

よくよく考えていくと、そもそもアシストってなんだろう、というのがわからなくなる瞬間がくるかもしれません。最初は他人の仕事を手伝っているつもりだったけど、「もともとここまでやるのが自分の仕事なのかもしれない」と思えるようになると、果たしてそれはアシストなのかどうか、明確な区別がつかなくなってくるわけです。

したがって、ノーミングステージに達している、アシスト力が高いチームでは、組織としての活動すべてが「自分ごと化」していきます。「部署が違うので」とか「担当者がいないので」とは、誰も言わなくなります。

『ジャイキリ』でも、大阪に2点リードされたハーフタイムに、選手たちがそれぞれに「失点したのは自分の責任だ」と考えているシーンが描かれています。ストーミングからノーミングへ向けて、「自分ごと化」が進んでいることがわかります。

こうなってくると、チームワークが機能し始めるのです。

ある会社では、「販促企画」と「顧客対応」「バイヤー」の部署間にアシストが効いていなかったことで、知らないうちにセールが始まって顧客対応が混乱し、セール商品に欠品が出る、ということが起こっていました。

そこで、アシスト力アップをテーマに「ストーミング」をした結果、「販促企画の仕事」として、販促スケジュールを全社共有するようになりました。さらに、セールのページを事前に顧客対応担当者にチェックしてもらうことで、問い合わせが少なくなるような記載を盛り込むなどの改善プロセスが生まれました。

また、顧客対応の部署からバイヤーに向けても、「商品に対するお客さまの声」の共有が始まりました。これらの取り組みによって、仕事の効率が大幅にアップするとともに、スタッフみんなのハッピー度がアップしたそうです。

そう、アシストの効いている職場は、ハッピーなのです。

ほかにアシスト力をアップさせるアイデアとしては、「1ヵ月間、他部署で実務体験をする」とか「ジョブローテーション」などがあります。また、企業規模が大きければ「同好会」なども意外と有効です。サッカー同好会に入って、ふだんまったく関わりのない部署（事業）の人と仲良くなることで、アシストできることが見つかる場合もあるからです。

なお、「アシスト力」をアップさせるには、「予測力」が前提になります。互いの動きの予測が立つからこそ、「自分にできるアシストはこれだな」と考えられるようになるわけです。

達海の流儀――「アシスト力」編

シーズンの前半戦が終わった夏のキャンプ、達海は、大学生チームとの練習試合を組みます。ＥＴＵの選手たちに出された指示は、「今までの自分のポジションでのプレーは不可」。しかも、達海自身は大学生チームの指揮を執ると宣言します。

慣れないポジションをこなしながら、「そのポジションの立場」を経験することで、選手たちは、いかに自分のポジションにどっぷりと浸かった考え方になってしまっていたかに気づき、ふだん見落としていた視点をゲットしていきます。

それぞれのポジションの難しさ、いつも守備のことしか考えていなかった自分、ふだん自分がやっているポジション（フォワード）が違うポジションの選手（ディフェンダー）からどう見えているか、など。

「立場というものは、そこに立ってみないとわからない」ということを、達海は知っています。ポジション入れ換え（ジョブローテーション）によって相互理解を高めることで、「他人の仕事を手伝う」ときの「手伝い方のクオリティー」がアップするのをねらっていると考えられます。

すなわち、全員がそれぞれに相手の立場を理解し合うことによって、「自分はこうプレーしたほうが味方はやりやすいのでは」と考えられるようになり、アシスト力が大幅にアップするわけです。

こうして、ＥＴＵのノーミングは進んでいきます。

それがよく見て取れるのが、シーズン後半戦最初の試合で先制されたシーン。それまでのＥＴＵであれば、失点からズルズルと崩れて負けてしまう展開に陥りがちだったのに対して、今回は、先制されたあとのコミュニケーションが、量・質ともにアップ。みんなで集まって声を掛け合い、「１・１」なポジティブ発言をし、「いつも通りやろう」とビジョンを確認し、共有を図っているシーンが描かれているのです。

この「いつも通りやろう」という表現自体も、チームがノーミングに達していることを表しています。ノーミングというのは「自分たちのやり方」が共有されている状態であり、共有されているからこそ「いつも通り」という表現が通じるからです。

さらに、その次の試合でも、こんなシーンがあります。

試合前半の途中で交代させられた熊田《くまだ》選手。「ゴメン熊田、先の展開考えるとこうするしかなかったんだ。こらえてくれ」という達海に、「はい…理解してます」と応えます（第18巻＃１７４）。

その背景にも、達海の流儀が潜んでいました。
まず、キャンプのミーティングでこう話していたのです。

ゴメン
熊田
先の展開
考えると
こうするしか
なかったんだ
こらえてくれ
はい…
理解してます

「チームってのは、個の力が集まって初めて形になる。個の力を伸ばすてっとり早い方法……そいつはズバリ、チームがゲームに勝つことだよ。じゃあ、どう勝つか。自分の働きでチームを勝たせる……全員がその感覚を持って戦えれば、おのずと勝利は近付いてくる……そして、チームに貢献できるそういうプレーこそが、本当に評価に値するプレーなんだ。そういう奴らの働きを、俺はちゃんと見てる。何も、試合に出てる選手だけの話じゃない。スタメンを外れたベンチの選手もそう……ベンチ外になった選手も、コーチングスタッフも、フロントの人間達もそうだ。全員がその都度……チームのために何が出来

るか考えて動く……それこそが、チーム一丸となって戦うってことだ」（第18巻＃１７０）

その後、達海は選手全員と個別面談をして、どうしたら伸びるか、何が足りないのかを丁寧に伝えます。

だから熊田は、「達海さんは俺の守備力を買って使ってくれたんだ……。（中略）どんだけ地味でもいいプレーをしてチームに貢献すれば……達海さんなら……それをちゃんと見ててくれてる」と理解し、達海への信頼を持つことができていたのです（第18巻＃１６８）。

この達海のセリフから、チームに貢献する「アシスト力」の効いた、一体感のあるノーミングのチームを志向していることがうかがえます。

また、「チームに貢献するプレー」という評価基準を共有したうえで、個別面談で「お前のここを買ってる」と伝えられていることによって、熊田をはじめとする選手たちは、「スタンドプレーで監督にアピールする必要性」がなくなっています。安心して「自分の仕事をやり切る」ことに集中できることで、さらなるアシスト力アップにつながっていくといえるでしょう。

チームワーク7つの力⑤
気づき力――「自ら考え、行動するチーム」をつくる

「気づき力」は、自分で考えて行動するチームをつくるために役立つ力です。

刻一刻と状況が変わっていくサッカーのように、現代のビジネスは変化のスピードが劇的に速まっています。変化に気づき、それに適応するアクションをとれるチームになれるかどうかが問われているのです。

「気づき力」を考えるときにも、予測力のときと同様に「課題＝理想－現実」という公式が使えます。気づきのアンテナ感度は、理想と現実の「ギャップ」があることによって生まれるからです。適切な理想が設定されると、「ギャップを埋める方法」に関係しそうな情報が「自分ごと化」します。自分ごとになるから、その情報をキャッチするための「気づき力」がアップするわけです。

理想と現実のギャップがないと、「漫然とがんばっている状態」や「がんばってるから結果が出なくてもしかたがない」という現状満足の状態になってしまいます。

予測力における「課題＝理想－現実」は、理想と現実をハッキリさせて「共有すること」にウエイトがありました。この「気づき力」のパートでは、「どういうギャップのつくり方をするとアンテナ感度が最大化されるか」について具体的に考えていきましょう。

ケーススタディ⑧

自ら考える力をアップさせる「ギャップ」のつくり方

シーズン途中の夏のキャンプ。最初のあいさつで、達海はこう話します。

「俺がこのキャンプでお前達に求めることは、たったひとつだ。そして、それが何かは教えない。いいか？　俺がお前達にどうなって欲しいか、どうやったらＥＴＵは強くなるのか、そのことを常に考えながらプレーするんだ」

（第16巻＃153）

そして達海が指示したメニューは、「スイカ割り風ミニゲーム」。

「目隠しをしたプレイヤー」と「目隠しはされていないけれど、ボールには触《さわ》れない指示係」がコンビになって、ボールをゴールに入れるというもの。大混乱のなか、要領を得た指示係のキーパー緑川《みどりかわ》が、コンビを組む赤崎に的確な指示を出してゲームをクリアします（第16巻#154）。

緑川・赤崎組の成功プロセスは、次のようなコミュニケーションによるものです。

「いいか、赤崎！　動かずにこれから俺の言うことをよく聞けよ。お前のいる位置は、相手陣内に2歩ほど入った所。中央よりやや左寄りにいる。身体は自分のゴールのほうを向いてる。そのイメージを覚えとけ！」

「緑川さん、ボールは？（ボールに足が当たって）おっ、当たった！」

「ボールは今、相手陣内に入った！　そのまま身体を左に90度向けろ！　ゆっくり前に進むぞ！」

「コッチ？」

「そうだ。ボールまであと15歩！」

達海の流儀——「気づき力」編

達海は、**「問いを与える」**というワザを使います。正解は教えません。自分なりの回答を出すことを求めます。

問いを与えることによって、「自分なりの回答を持っている状態」という「理想」が設定されたことになります。それに対して、「まだ回答を持っていない状態」という「現実」もハッキリするので、「ギャップ」ができるわけです。

正解を教えないのは、教えた時点でギャップが埋まってしまうからです。具体的なやり方を指示すればするほど、「ギャップがない状態」をつくり出していることになるので、自分で考えて動かなくなっていくのは当然の因果と言えます。気づき力をアップさせるには、**「常に」「自分ごととして」「理想と現実のギャップを持ち続ける」**ことが重要です。

達海はおそらく、「教わったものは他人のもの、つかんだものは自分のもの」ということをわかっています。

チームの成長法則との関係でいえば、ノーミングステージでは「自律」、すなわち、いかに自分たちでつかんだものをルール化できるかがキモ。したがって、問いを与えることは、正解を与えるよりもはるかに時間がかかるので遠回りに見えますが、「自律」にとっては一番の近道なのです。

2つめのワザは、「やる気に火をつけるゴール設定」。つまり、適切な「理想」設定のテクニックです。

ゴールは、高く設定すればよいわけでも、低く設定すればよいわけでもありません。「本当にたどり着きたいゴール」を設定することが大事です。これを**「マスト（must）ではなくウオント（want）の目標」**と言います。

達海は、ある試合のロッカールームでこう言います。

**「この試合、俺の予想じゃ五分と五分！
俺の作戦に乗っかれば、引き分けまで
持ち込ませてやる！　そっから先……
勝てるかどうかは、お前らが自分の限界を
超えるかにかかってる！　さあ、どうするよ。
腹くくるなら、今のうちだぜ」**（第2巻#12）

最もやる気になりやすい目標のひとつは、「成功確率が50％のもの」です。

なぜなら、成功すれば自分のがんばりのおかげ、失敗すれば自分のがんばりが足りなかったせい、ということが明確だからです。ゆえに、「やらなければならない」というマスト（must）ではなく、「チャレンジしてみたい」というウォント（want）の気持ちが生まれやすくなるのです。

3つめは、「まずやってみる」というワザ。
「スイカ割り風ミニゲーム」にしても、ほかのトレーニングメニューにしても、まずやってみる。それによって、できるにしろできないにしろ、なんらかの結果が出ることで「課題＝理想－現実」における「現実」が確定することになります。

こうして、達海は絶妙な「理想」を設定しつつ、まずやってみることで「現実」を確定させて、「理想と現実のギャップ」をくっきりと浮かび上がらせ、気づき力をアップさせているのです。

スイカ割り風ミニゲームでは、プレイヤーは目隠しをしたことによって、「理想（ゴール）」も「現実（現在地）」もわからない状態に置かれます。プレイヤーが動けるようになるためには、指示係が「理想」と「現実」をハッキリさせてあげることが必要不可欠。しかも、伝え方がわかりやすくないと「共有」できません。

したがって、このゲームによって、選手たちは「理想と現実をハッキリさせて、それを共有すること」の大切さや難しさを共通体験として持つことで、ノーミングに必要なポイントに自然に気づいていっているといえます。

楽天が「日本の中小企業を元気にしたい」という理想を掲げていた創業3年目のとき、47都道府県別の出店者さんを整理してみると、1店舗もない県がいくつもありました。そこで、あるメンバーが日本地図をつくって、国盗りゲームのように出店のある都道府県に色を塗ったのです。

そうなると、メンバー全員に俄然「空白の県に色を塗りたい！」というウォント（want）の気持ちがわいてきて、空白だった県に色を塗った人にはみんなで賞賛を贈る、ということをしていた時期があります。

「空白の県」が、まさに「ギャップを見えるようにしたもの」にあたるわけです。そして「空白だった〇〇県を元気にした人」という栄誉をゲットできるというのが「1・1」の要素にあたります。日本地図をつくった人は、名ファシリテーターといえるでしょう。

ノーミングステージに求められるのは「徹底力」

ここまでのところで、「ノーミング（規範期）」のイメージはつかめたでしょうか。

ストーミングによる相互理解が進んだことでお互いの凸凹の組み合わせが見つかっていき、共有された理想に向かって自分の仕事をやり切ることがチーム全体をアシストしている状態になります。チームとして一丸となることで、**「チームとしての活動すべて」が「自分ごと」**になっていきます。

こうなると、「それは私の仕事ではありません」と言う人は、もういなくなります。目標も、他人から与えられたもの（他律／must）ではなく、自分たちで設定したもの（自律／want）になり、「ノルマ」という他律的なニュアンスの表現も使われなくなります。

ノーミングは、自分たちでルールをつくる、文字通り「自律」のステージ。こうして、自分たちのルールができていったときに、重要なことがあります。

「徹底力」です。

自分たちで決めたルールを徹底して守ることが、予測力アップ、アシスト力アップにつながっていくからです。徹底力が強まれば強まるほど、チームとしての一体感が高まっていきます。

その結果、フォーミングステージでのベストパフォーマンス（100点）を超えるパフォーマンスを発揮することができるようになり、ジャイアントキリングを起こせるチームに成長するのです。

ここで注意しておきたいのは、「ノーミング（規範期）での徹底力」と「フォーミング（形成期）での徹底力」はまったく意味が異なることです。

第1章の復習になりますが、フォーミングステージでのルールは「与えられたもの（他律）」であって、リーダーが組織を意のままにコントロールするためのものである場合が多いため、リーダーが優秀であればパフォーマンスは高まります。

しかし、ストーミングには進んでいかないために、ジャイアントキリングを起こす「チーム」にはなることができず、「優秀なグループ」どまりになってしまいます。

ノーミングが進んでチーム状態がよくなっていくと、成果が出るようになります。

すると、たとえば「県大会ベスト4」のような、当初に立てた目標をクリアする瞬間が訪れます。さらに、全国大会への出場権を得たとしましょう。

それで満足する選手もいれば、全国大会でも勝ち上がりたいと思う選手もいる。しかし、全国ベスト4を目指すための練習と、「今のままでがんばれば全国でも勝てるかもね」程度に思いながらやる練習とでは、やるべきことのレベルがまったく違ってきます。

したがって、「みんな、ホントにそこまで目指す？」という新たなゴールに向かう決意を共有できるかどうかが問われるわけです。その「納得感のカベ」を越えられないと、チームの最終ステージである「トランスフォーミング」には到達できません。

「本気で全国ベスト4を目指す意味」が全員の腹に落ちて、納得のうえで、「それならここまでやらなきゃいけないよね」と、よりハードな練習に主体的に取り組んで初めて、トランスフォーミングに至る準備ができることになります。

それでは、次の章で、いよいよ「チームの成長法則」の最終ステージ、「トランスフォーミング」の世界をのぞきにいきましょう。

第3章のまとめ

●チームの成長ステージは、後戻りすることもある。成功体験をゲットしても、油断はできない。

●「予測力」アップのためには、「課題＝理想－現実」と「判断＝価値基準×インプット情報」を共有する。

●「アシスト」こそが、チームワークの始動スイッチ。リレーのバトンタッチゾーンをつくる。

●「気づき力」をアップさせるには、問いを与える。正解は教えない。

●ノーミングでは、「徹底力」がキモ。自分たちでつくったルールを徹底して守る。

やってみよう

★「ウチのチームらしさ」をテーマに、OKゾーンとNGゾーンについて、みんなで話し合う。

★部署間におけるリレーのバトンタッチゾーンについて、みんなで話し合う。

★バンダナとサッカーボールを用意して、「スイカ割り風ミニゲーム」をやってみる。

第４章

生き物みたいなチーム

［ステージ４ トランスフォーミング］

「勝ちたがってんなら、その想いをケンカしてでもすり合わせりゃいい。そうすりゃ相手の考えがわかる。それが次々広がって、チームっていうひとつの生き物になる」

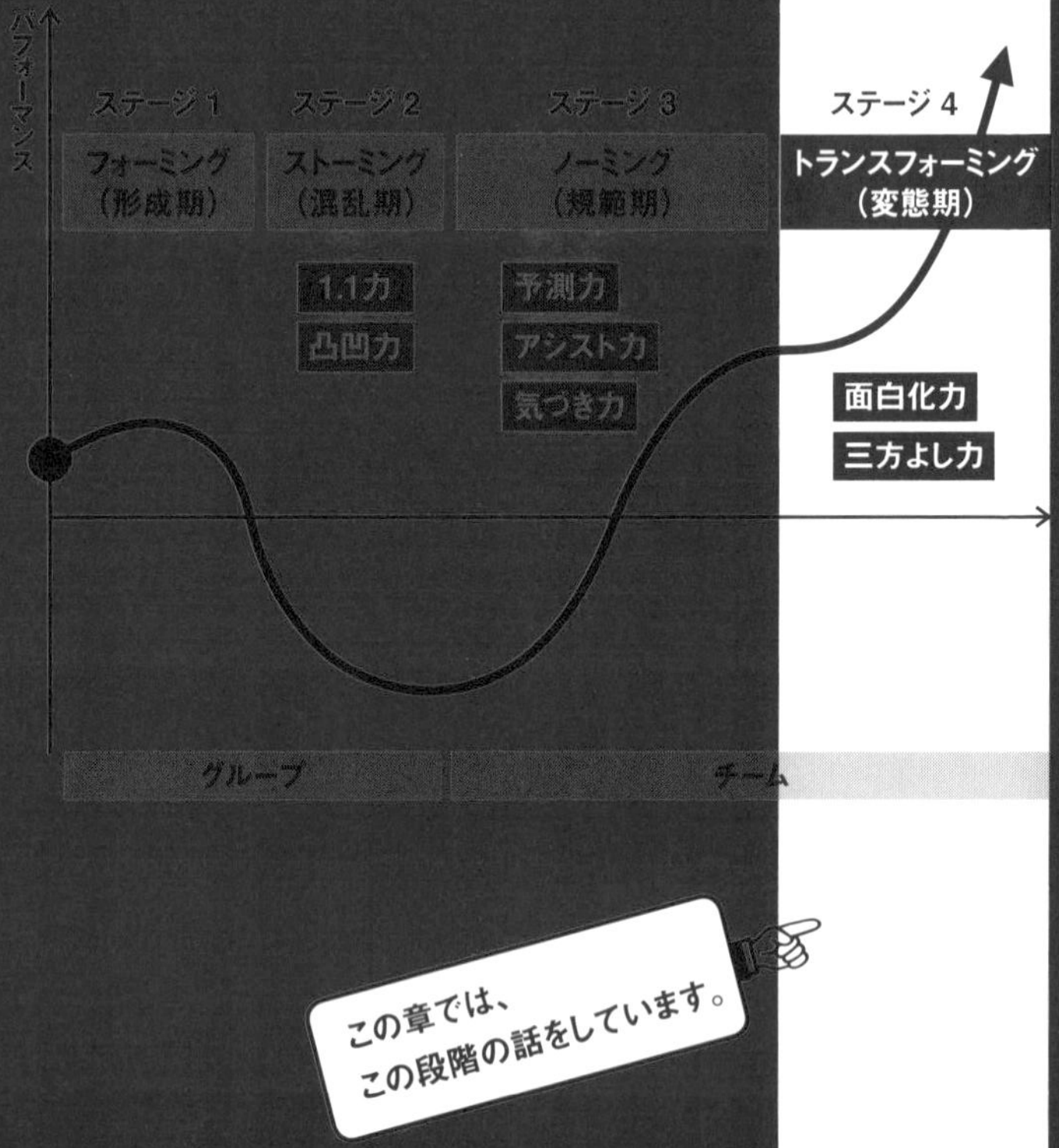
パフォーマンス
ステージ1
フォーミング（形成期）
ステージ2
ストーミング（混乱期）
1.1力
凸凹力
ステージ3
ノーミング（規範期）
予測力
アシスト力
気づき力
ステージ4
トランスフォーミング（変態期）
面白化力
三方よし力
グループ
チーム
この章では、
この段階の話をしています。

さらなる高みへ

さて、この章ではいよいよ「チームの成長法則」の最終となるステージ4、生き物みたいなチームに変身する**「トランスフォーミング（変態期）」**についてみていきましょう。

トランスフォーミング（transforming）を日本語に訳すと「変態」になります。ヘンな意味ではなくて（！）、さなぎが蝶になるほうの変態のことです。

トランスフォーミングは、伝説になりそうなほど大きな成果を残せるステージ。チームのメンバーが、あうんの呼吸で連携し、あたかも一つの生き物であるかのように動けている状態です。

たとえば、人の体は、左に傾いたら無意識のうちに全身でバランスをとって元に戻す動きをするから転ばずにすむわけですが、そのレベルのチームワークというイメージです。複数の構成員の集合体が、一つの生命体に「変態」するのです。

もはや、「田中君、こんな感じの資料をつくってくれないか」「それなら昨日つくっておきました！」というやり取りすら不要のものとなるわけです。

トランスフォーミング（変態期）の特徴をまとめると、次のようになります。

◉メンバーの協働意思で、上位のビジョンを目指す。
◉他のメンバーへの貢献につながる行動（アシスト）が自動化し、チームがあたかも一つの生き物のように機能する。
◉さなぎが蝶になって空を飛ぶかのような、大きな成功体験を共有する。
◉チームに対する帰属意識が高まる。「ずっとこのチームでやりたい」「このチームなら何でもできる」。

『ジャイキリ』では、チームがトランスフォーミングに至ったシーンは、この原稿を執筆している時点ではまだ描かれていません。それほど「究極」のステージなのです。

ただ、達海が、トランスフォーミングのチームを志向していることがわかる部分はあります。「チームっていうひとつの生き物」「チーム一丸」というキーワードに注目しつつ、改めて達海語録を読んでみましょう。

「伸び方ってのは、人それぞれあるもんだ。
でも、チームってもんはひとつしかねえ。
勝ちたがってんなら、その想いを
ケンカしてでもすり合わせりゃいい。
そうすりゃ相手の考えがわかる。
それが次々広がって、チームっていうひとつの
生き物になる。そうやってね、
強いチームってのはできるんだぜ」（第6巻＃57）

「チームってのは、個の力が集まって初めて形になる。個の力を伸ばすてっとり早い方法……そいつはズバリ、チームがゲームに勝つことだよ。じゃあ、どう勝つか。自分の働きでチームを勝たせる……全員がその感覚を持って戦えれば、おのずと勝利は近付いてくる……そして、チームに貢献できるそういうプレーこそが、本当に評価に値するプレーなんだ。そういう奴らの働きを、俺はちゃんと見てる。何も、試合に出てる選手だけの話じゃない。

「スタメンを外れたベンチの選手もそう……ベンチ外になった選手も、コーチングスタッフも、フロントの人間達もそうだ。全員がその都度……チームのために何が出来るか考えて動く……それこそが、チーム一丸となって戦うってことだ」（第18巻＃170）

じっくり読んでみると、生き物みたいなトランスフォーミングのチームになるために必要なプロセスや条件がちりばめられていることに気づきます。

◉「想いをケンカしてでもすり合わせりゃいい」（↓ストーミング）
◉「そうすりゃ相手の考えがわかる」（↓予測力）
◉「チームがゲームに勝つことだよ」（↓1・1力）
◉「自分の働きでチームを勝たせる」（↓凸凹力）
◉「チームに貢献できるそういうプレー」（↓アシスト力）
◉「全員がその都度……チームのために何が出来るか考えて動く」（↓気づき力）

グループがチームになっていく4ステージと7つの力（のうちの5つ）の全体像と、それぞれが有機的につながっている様子が見えてくると思います。

仲間の集め方——ここまでの過程で解散しないために

チームの成長法則の4ステージには、それぞれのステージの間に「カベ」が存在します。

◉フォーミングからストーミングに進む際、空気を読んで遠慮する関係をなくすための「コミュニケーション量のカベ」。

◉ストーミングからノーミングに進む際、場に出たみんなの意見を収束させるための「コミュニケーションの質のカベ」。

◉ノーミングからトランスフォーミングに進む際、新たな上位のビジョンを目指すための「納得感のカベ」。

90ページで、「ストーミングで解散しないための5つの作法」というテーマを扱いましたが、3つのカベのそれぞれを越えられなかったとき、組織はその都度、「解散の危機」を迎えます。メンバー各人の方向性がバラバラになったり、「一緒にやっていけない」と判断したメンバーが離脱していくことも起こり得ます。

離脱や解散を回避するためにできることとして最も効果的なのは、「仲間の集め方」のデザインです。仲間の集め方を間違えると、チームづくりが進めば進むほど、メンバーが離脱していってしまうことになります。

本書のテーマは、「今いるメンバーで」「ジャイアントキリングを起こせるチームをつくる」

ことです。新しいメンバーの加入は考えない前提で、ここまで進んできています。しかし、実際のチームづくりは「仲間の集め方」に大きな影響を受けざるを得ないため、ここで考えておきたいと思います。

『ジャイキリ』に、次のようなシーンがあります。

ETUのスカウトを担当している笠野《かさの》という人物がいます。実は笠野は、かつて、達海がエースとして在籍していたETU黄金時代に、ゼネラルマネージャー（GM）としてビジョンと信念を持ったチームづくりを進めていた人でした。

しかし、達海が移籍したことによってETUはバラバラになってしまい、失意の笠野はGM職を辞し、全国を放浪するスカウト職に戻ります。発掘した選手の情報を送ってくるだけで、フロントにはまったく姿を見せることがなくなっていた笠野。しかし、監督としてETUに戻ってきた達海は笠野を捜し出して会いにいきます。達海は笠野にこう言います。

「(監督である）俺が背負うのは、現場の責任だけだよ。でも、思ったことは言う。そうじゃないとクラブは発展していかない。各々の垣根を越えて、自分の役割以上の仕事をする……それが俺の憧れる……クラブの形だからね。本当はそのためには、それらの意見を取りまとめるような人が必要なんだよ。人の意見を拾って集めるんじゃない。向こうから自然と集まってくるような人だ。今のETUはこうだとか……こうしたほうがいいんじゃないかとか……こっちにいい選手がいるけどETUにどうだとかさ……きっとさ、皆、自分の話を聞いて欲しくて言ってくるんだ。この人なら、自分の意見を形にしてくれるんじゃないか……そう思わせてくれるだけの器と……信念を持った人がETUには必要なんだ。俺はかつて、そんな人が作ったクラブを愛してたよ。そして、その人の信念がまだ死んでないことも知ってる。だってさ……俺が十分上位を狙えると思ってるこのチームの選手の大半は……その人が連れてきた奴らなんだぜ??」（第16巻#152）

達海が言う、器と信念を持った「そんな人」とは、笠野のことです。

注目すべきは、最後の「このチームの選手の大半は……その人が連れてきた奴らなんだぜ」の部分。つまり、達海はETUの選手たちを見ていて、笠野が昔と変わらないビジョンと信念のもとに、選手の採用（仲間集め）をずっと続けてきていたことを理解したのです。

これに対して、現実の採用シーンの多くは、ビジョンよりも待遇優先で話が進んでいきます。「勤務時間8時間、月給20万円、交通費支給……」や「誰にでもできる簡単なお仕事です」「こんなスキルのある方、優遇」のように。

しかし、会社の状況が変わって忙しくなってくると、「これ以上、忙しくなるなんて耐えられません」ということになったり、「私は事務で入ったので、事務以外は私の仕事ではありません」となったりします。あるいは、経営者が成長するなかで日本一を目指そうというビジョンを掲げたときに、「私、富士山とか目指す気持ちはありません。ピクニックに行く気分で誘われただけですから」などということが起こるわけです。

そのようなメンバーで、「ひとつの生き物みたいなチーム」になることは不可能です。それより手前のストーミングの段階で、メンバーが離脱することになるでしょう。

したがって、採用の時点で、「俺たち、富士山に登りたいと思ってる会社なんですけど、一緒にハードトレーニングしながら、がんばって頂上を目指しませんか」というようにビジョンや価値観を共有し、共感・共鳴できる人が入ってくるという流れをつくることが重要です。

すなわち、採用の時点で「ストーミング」をして、お互いが「この人となら一緒にやっていける」と判断したときに採用が決まる、という流れをつくれるかどうかが、のちのち空中分解しないでチームづくりを進めるためのキモになるのです。

そのためには、**いかに優秀で仕事ができても、ビジョンや価値観に共鳴できない人は採用しない**という明確な姿勢が不可欠です。

仲間の集め方

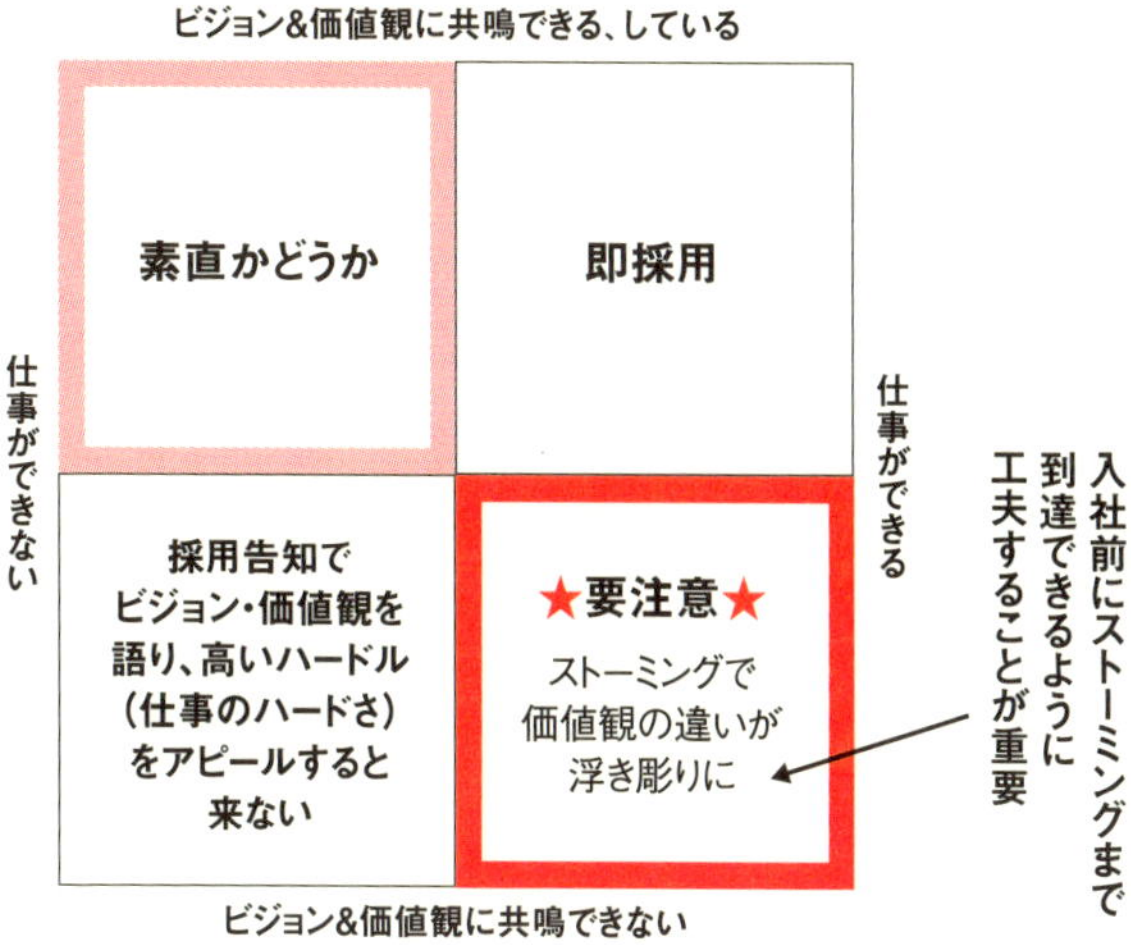

では、共鳴できるけれど仕事ができない人（現時点で即戦力とはいえない人）は、どう判断すればよいのでしょうか。

この場合は「素直かどうか」を基準にします。ビジョンや価値観に共鳴できていれば、仕事はそのうちできるようになるからです。

「全然仕事ができない人でも、素直なら採用するのか？」というギモンを持つ人がいるかもしれませんが、ビジョンを示すことによって仕事のハードさ（の予感）をアピールしておくことができれば、明らかにポテンシャル不足の人は寄ってこないので、大丈夫です。

ある会社では、社長が４つの成長ステージを知って、「ウチは思いっきりフォーミングだ」

と気づきます。そして熟考の末、「世界一お客さんを癒す会社を目指す」というビジョンを掲げて、スタッフと共有するためのアクションを次々にとっていきました。

その結果、社内のコミュニケーション量が増え、雰囲気も明るくなります。フォーミングがうまく進んだときの現象です。

しかし、あるとき、スタッフ同士が大ゲンカをします。それが発端となり、結局、スタッフ15名のうち、価値観を共有できなかった10名が辞めるという一大事に。採用の入り口で、目指すビジョンや価値観を語らずにできたグループは、ストーミングに入ると「別々の道を進むことにしましょう」となる可能性があるのです。

その一大事をなんとか乗り越えて、ビジョンや価値観を共有した残る5名のメンバーは、ノーミングに進みます。商品の梱包ひとつとっても「それは、世界一お客さんを癒す梱包か」という点を各自が考え、よりクオリティ高く、よりスピーディーに、たくさんのお客さんに商品を届けたい、という想いで方向性が一つになります。

それぞれがチームの一員として力を発揮し始めた結果、なんと3分の1の人数で過去最高の売上を記録するまでになったのです。

その後は、採用段階でビジョンや価値観を前面に打ち出すようにしたところ、入社してくるメンバーのチームへのフィット度合いが格段に上がると同時に、フィットするまでにかかる時間も短くなりました。

このように、一度、特定のメンバーでノーミングまで進んだ「チーム」の場合でも、新人が入ってくることで一時的にはフォーミングに戻ります。しかし、すでにビジョンや価値観が明確になっているため、それらが新人を囲むまわりのメンバーから浸透していきやすく、再びノーミングに至るまで短時間で済むようになるのです。

達海の流儀――「仲間の集め方」編

『ジャイキリ』でも、途中で新メンバーが2人、入団してくるシーンがあります。スカウトの笠野がリストアップしてきた選手を達海が目利きするのですが、そのときに注目したい視点があります。

「レベルを合わせて、タイプを散らすこと」です。

ジグソーパズルで、ひとつのピースだけドーンと大きいものって、見かけたことがないですよね？

チーム力アップのために、仕事がデキるエース級を採りたくなる気持ちはわかりますが、結局、大きなピースは凸も大きい代わりに凹も大きいので、まわりにいるメンバーでは凹を埋めきれない可能性があります。また、大きな凸にみんなが依存したくなる気持ちが出やすいため、重要な仕事はすべてエースに回すような流れになったり、遠慮して言いたいことを言わない「フォーミング体質」が強くなる可能性があります。

この点、笠野にしても達海にしても、決してスター選手を連れてこようとはしません。すでにいるメンバーと同じレベル感の選手をセレクトします。経済的な理由もあるでしょうが、もしお金の制約がなかったとしても、そこは変わらないはずです。

実際、達海はある試合で、相手チームの外国人選手が優秀すぎるために、ほかの選手たちがそのエースに依存してしまっている状況を見抜き、そのスキを突くような戦い方をして勝利を収めます。エースを中心にほかの選手が合わせるという方向性では、無意識のうちに依存しがちなため、「ひとつの生き物のようなチーム」にはなりにくいことがわかっているのです。

今の組織で、「自分だけピースが大きいんだけど」という人もいると思います。その場合は、いかにほかのメンバーに依存されないような関係性をつくれるかがキモです。

そうしないと、自分が抜けた瞬間に、チームとしてまったく機能しなくなってしまう危険性があるからです。「レベルが高い人が、低い人に合わせる」という意味合いではなく、あくまでも「依存されない関係性づくりが重要」ということです。

ここまでが「レベルを合わせる」という話。

次に、「タイプを散らす」についてです。

これは、異なる凸凹を持ったメンバーを集めるという意味です。

採用基準として、「同じビジョンや価値観を共有できるか」は重要ですが、そのときに陥りやすいのが「自分と似たタイプの人を採用してしまう」という落とし穴です。自分と似たタイプの人には、同じ価値観を共有できる可能性を強く感じてしまうために、組織みんなが似たタイプの集まりになっているケースは意外に多いのです。

みんなが同じタイプだと、自分たちの得意なことをやっていればよい状況では「あうんの呼吸に近い感じ」で勢いよく進める強さがある一方、各人が苦手なことも共通していたりするので、逆境のときに誰も強みを発揮できない危険性があります。

達海は、自身が現役選手だった時代に日本代表に招集された経験を持っています。そのときの練習シーンで、次のようなセリフがあります。当時、代表チームのエースは成田《なりた》選手。達海は、成田がボールを要求したのに別の選手にパスを出したことを、監督に叱られます。

「なんでお前、そこでサイドに振るんだよ！ (中略) 成田が今……マーク外してパス要求してただろ！ 何故そっちに出さない！ これはクラブチームの練習じゃないんだぞ！ 日本代表の合宿なんだよ！ 短期間でチームの意識を統一しなきゃならないんだよ！ 日本のエース……ゲームメーカーは成田なのはわかってるだろ。成田が上手く試合を組み立てられるようにフォローしていくのが今のお前の役目じゃないのか！」

「あのさ……俺、成さんがエースってのに異論はないんだけどさ……じゃあ、成さんが止められた時はどうすんの？　今は成さんのマークがきつそうだったから、時間がかかってもサイドから崩したほうがいいと思ってそうしたんだ。実際の試合でも成さんは警戒されるわけでしょ？ガチガチにマーク付けられた時とかどうすんの？　その時も俺達は成さんを活かすために動くの？（中略）攻めの型があるのは大事だけど、それに依存すんのは危険じゃない？って言ってんの。だって、試合ごとにキーマンが替わるようなチームのほうが、強いし面白くない？成さんを活かせない時は、成さんが誰かを活かすようにとかさ……臨機応変に戦えるチーム目指せばいいじゃん。皆、代表に選ばれるくらいスキルは十分あるんだしさ。エースだからって成さんに頼り過ぎてたら……成さんだって大変だよ」（第15巻＃１４１）

この達海のセリフが、「レベルを合わせて、タイプを散らす」という考え方をよく反映しています。

「試合ごとにキーマンが替わる」というのは、メンバーそれぞれの凸凹が異なるからこそ可能なことです。ロールプレイングゲームで、「ここは戦士の出番」とか「ここは魔法使いの出番」というふうに、目の前に現れた問題によって、その問題解決を得意とするメンバーが違っていて、それぞれに活躍の場があるイメージです。

ここから先は、「チームワーク7つの力」の最後の2つ、「面白化力」と「三方よし力」についてみていきましょう。

チームワーク7つの力⑥
面白化力――「夢中で遊ぶチーム」をつくる

「面白化力」には、2つの意味合いがあります。ひとつは、「相手の期待値を超える力」。もうひとつは、「夢中で遊べる力」です。

達海は、「面白い」「面白くない」「面白がる」「面白くなりそう」という表現をよく使います。

ある試合で劣勢になったとき、達海は松原コーチから、「キョロキョロしてないで落ち着いて」と言われたのに対して、「俺はさ、面白くなりそうなもんが落っこってないか探してんの」と返します。このときの「面白くなりそう」は、「期待を超える展開（≒ジャイアントキリング）の可能性」を意味しています。

サッカーの世界でよく使われる言葉で、「マリーシア」というポルトガル語があります。「ズル賢さ」と訳されることが多く、「審判が見ていないところで相手のユニフォームを引っ張る」などのワルい行為を指すという解釈もあるのですが、本書では「よい意味でのズル賢さ」というニュアンスで取り上げます。

ブラジル人選手に訊ねると、口を揃えて「日本人は技術やスピードはあるが、マリーシアが足りない」と言うそうです。「マリーシアがある」というのは、たとえば、

◉反則で試合が止まったとき、相手が油断しているスキにリスタートする
◉勝っていて残り時間が少ないとき、無理に攻めずにボールを回して時間を稼ぐ
◉体のキレがよくなさそうに見せかけておいて、いざチャンスがきたときに一瞬のスピードで抜き去る

などが挙げられます。「意表をつく」とか「相手がイヤだと思うようなことをする」ようなイメージです。私はマリーシアの本質を「相手の立場で考え、そのウラをかく力」と考えています。すなわち、「相手の期待値を超える力」です。

マリーシアの重要性は、サッカーにかぎらず、対戦型競技にはすべてあてはまります。敵よ

りも自分を有利にする目的で「ウラをかく」わけです。

他方で、敵ではない相手に対してプラスになるように活用するとどうなるか。

「感動」を与えることができます。感動というのは、「よい意味での期待値超え」があったときに生まれる感情のことだからです。

したがって、「ビジネス的マリーシア」を定義するとすれば、「お客さんの立場で考え、よい意味で意表をついて感動を提供できる力」となります。


ところで、ブラジル人選手に「どうやったらマリーシアが身につくか」という質問をすると、「子どもの頃にストリートサッカーをして自然と身についた」という答えが返ってくることが多いといいます。ストリートサッカーは、さまざまな年齢の人たちが交じり合って路上で行うので、圧倒的に体が大きい人を相手に、いかに自分に有利な状況をつくれるかを絶えず問われ続けるわけです。

これはまさに、ジャイアントキリングの量稽古です。相手の期待値を超える「面白化力」が、ジャイアントキリングを起こすチームに欠かせない要素である理由がここにあります。


整理をすると、「相手の期待値を超える力」という意味での「面白化力」の目的は、「面白価値（感動価値）を提供すること」です。その手段として、相手のウラをかくための「マリーシア」が求められるということです。

山形戦を前にして作戦を練っているときのセリフに、達海の「マリーシア体質」がよく出ています。

「山形は他のゲームでも相手によってフォーメーションや選手を変えて対応してきてる。敵をトコトン研究し、嫌がる所を突くために自分達の形を合わせていくスタイル……確かに……やり口は俺と似てるかもしんねえけどよ……そういう嫌な奴っぷりでは、俺は負ける気しねえんだよ」（第19巻#183）

「相手の期待値を超える力」に続いて、もう一つの「面白化力」は「夢中で遊べる力」です。達海は、「面白がれて楽しくプレーしているときこそ、自分の想像を超えたいいプレーができてしまう」と語っています（152ページ「ケーススタディ⑦」参照）。

このような、集中力が極限まで高まった状態のことをビジネス系では「フロー」、スポーツ系では「ゾーン」と呼びます。

『ジャイキリ』のなかでも、椿選手がゾーン状態に入って、高いパフォーマンスを発揮するシーンが描かれています。

その際、椿選手は、相手選手も味方選手も、ピッチもボールも、ベンチのコーチたちの動きも、スタジアム全体のすべてのものがとてもよく見えるようになる感覚を味わいながら、楽しそうにプレーをし、ドリブルで相手をぶっちぎっていきます（第5巻#47）。

このように、「いまここ」に集中できていてプレーを面白がれている状態を意図的につくれるのが、「夢中で遊べる力」としての「面白化力」です。

「トランスフォーミング」というのは、この夢中で遊べている状態が個人のレベルではなく、チーム全体で実現している状態です。そのような意味で、この面白化力を「トランスフォーミングの章」で扱っています。ただし、達海が常に「面白いかどうか」を基準にしながら行動していることからもわかるように、面白化力はチームづくりのプロセスすべてにおいて重要な要素です。

達海語録のひとつに、

「俺、代表監督なんて絶対やんないね。短期間でチーム作るのなんて面白くねえや」（第14巻#128）

というものがあります。

日本代表というのは、4年に一度のワールドカップを大きな目標にしてチームづくりを進めていくわけですが、その間にあるいくつかの大会ごとに選手の入れ替わりがあるのが通常です。つまり、ほとんど常にフォーミングに戻りながら、短期間の合同練習で勝てるようにしなければいけないわけです。それだとストーミングを越えて、トランスフォーミングを目指すようなチームづくりは難しい。だから面白くない。達海のセリフには、そういう意味合いが込められていると考えられます。

達海にとっては、トランスフォーミングなチームを目指すプロセスすべてが「面白いこと」

であり、それを目指せない状況は「面白くないこと」なのでしょう。

達海の流儀——「面白化力」編

達海は、チームを「面白く鍛える」のが得意です。

ここではまず、「ケーススタディ⑧」で出てきた「スイカ割り風ミニゲーム」の深掘りをしていきましょう。

ケーススタディ⑧ 続き

キャンプで達海が指示した練習メニュー、「スイカ割り風ミニゲーム」。

「目隠しをしたプレイヤー」と「目隠しはされていないけれど、ボールには触れない指示係」がコンビになって、ボールをゴールに入れるというルールでした。

このゲームをやることによって、選手たちは、「理想の共有（どっちへ向かうのか）」「現実の共有（今どうなっているのか）」「相手にわかりやすいコミュニケーションのしかた」などについて、楽しみながら（苦しみながら？）自然と気づきを体得していきます。

ゴールできなかったペアには罰ゲームがあるのですが、達海は、ゲームをクリアしたはずの村越選手（キャプテン）にも罰ゲームを命じます。

「お前のやる気の無さったらどうなんだよ、村越。キャンプメニューに不満を持ちながらも、それを押し殺してやってますみたいなのがバレバレだ。そんなんじゃ若手に示しがつかない。だから罰ゲーム。はっ、どうせキャプテン体質のお前のことだ。またしょうこりもなくチーム全体のことでも考えて……強豪との力の差を見せつけられた後に、こんなことやっててていいのかとか思ってたんだろ」（第16巻#１５４）

村越にとっては、まさに図星の指摘でした。

このような、体を動かすトレーニングメニューを「アクティビティ」と言いますが、アクティビティにゲーム性を持たせて「面白化」するためにはどうしたらよいでしょうか。

条件が４つあります。

❶ゴール（理想）が明確なこと
❷ルール（制約）が明確なこと
❸フィードバック（現実）があること
❹自発的な参加であること

この4条件が揃っていると、人はそのアクティビティに夢中になってのめり込みやすくなるのです。

これを、「チームづくりのため」のアクティビティにするためには、さらに2つの条件があります。

❺1人だけではできない（協力せざるを得ない）お題にする
❻誰も正解を知らないお題にする

これらの条件を「スイカ割り風ミニゲーム」にあてはめてみましょう。

❶ゴール——サッカーゴールにボールを入れること

❷ルール――目隠しを取ってはいけない。指示係はボールに触ってはいけない

❸フィードバック――目隠ししている者以外には、現実がどうなっているか目に見える

❹自発的な参加――積極的に参加していなかった村越に罰ゲーム

❺1人だけではできない――目隠しされている側は、指示なしには動けない。指示係も自分ではボールに触れられない

❻誰も正解を知らない――目隠しサッカーをしたことがある選手は誰もいない

達海のメニューが、すべての条件を満たしていることがわかります。

続いて、「面白化」されたアクティビティを仕事に活用するイメージがわきやすくするために、ビジネス事例を紹介しましょう。

ある会社では、みんなで「出荷アクティビティ」をやったところ、4時間かかっていた作業が1時間半でできるようになりました。

きっかけは、スタッフの日報に「出荷に時間がかかっているので、人を増やしてほしい」とか、「出荷グループはいつも帰りが遅いので、早く帰りたい」と書かれているのを社長が見つけたことでした。

社長が自分で出荷作業に入ってみたところ、まったく「アシスト」が効いていない状態だと判明します。

そこで、どうやったら早く帰れるか、出荷グループ以外も含めた全社員20名ほどでアイデア出しをしてみました。さまざまな改善案が出ましたが、出荷グループのメンバーからは「今までのやり方は崩したくない」という意見が。

そこで社長は、「まぁ、まずは出てきたアイデアを試してみよう」ということで、1個口の作業時間を計ってみると、全部やっても1時間半で終わるスピードでできてしまった。「じゃあ、1時間半を目標にしてやってみよう」ということになったのですが、あえて初回は「しゃべらないでやる」というルール（制約）を設定しました。

なぜそのルールにしたのでしょうか？

出荷グループのスタッフが、相手の状況をきちんと見ずに仕事を渡していたからです。社長は、「おしゃべり禁止にすることで、相手を見ざるを得ない状況が生まれやすい」と考えたわけです。

その結果、どうなったか。

予想どおり、相手の状況を一生懸命見ようとしたり、身振り手振りでのコミュニケーションが生まれました。また、禁止されると逆にしゃべりたくてしかたがなくなるようで、「終了〜」の合図と同時に、メンバーみんながすごい勢いでしゃべり始めたといいます。

そのあと、全社員でアイデアを出し始めて改善が進んでいきました。

たとえば、出荷の前工程の部署から、「ウチの部から出している情報の渡し方をこう変えたら、もっと早くに取りかかれるよね」というアシストが出てきました。それらの結果、4時間かかっていた作業が、本当に1時間半で終わって、出荷グループが早く帰れるようになったのです。


この事例で特に注目したいのは、「おしゃべり禁止」というルール。この制約を加えたことで、作業にゲーム性が増しています。このように、「面白化」を加速するための味つけとして、「非日常的な制約を盛り込む」のがひとつのワザです。

達海は、ワンタッチプレー禁止、目隠しを外すこと禁止、村越に指示を求めること禁止、いつもプレーしているポジション禁止などなど、「ふだん何気なく使っているもの」を禁止するルールを設定することで、面白くしたり、気づきを得られやすくしたりするような「変化」を生み出すのです。

チームワーク7つの力⑦
三方よし力――「大きなチーム」をつくる

「チームワーク7つの力」、最後は「三方よし力」です。
早速、『ジャイキリ』のストーリーから入っていきましょう。

ケーススタディ⑨　チームのメンバーって誰のこと？

主力選手2人を欠いて臨むことになった川崎戦を前に、達海が始めたのが「カレーパーティー」。食堂のおばちゃん、選手、フロントスタッフたちがみんなでカレーをつくり、地元の人たちにふるまい、一緒になって食べる。

その姿を見た達海は、

「これがクラブだよ」

と語ります。

ピッチに立ってプレーする11人だけでなく、ベンチ、フロント、サポーター、クラブに係わるたくさんの人たち……、全員が同じ方向を向いて、同じ気持ちで戦うことができれば、ETUはもっともっと強くなる――これが達海の描く理想のクラブ像であり、チーム強化策なのです（第10巻#89）。

「チームのメンバー」って誰？

主力選手2人を欠いて臨むことになった川崎戦を前に、達海は「カレーパーティー」を開催する。食堂のおばちゃん、選手、フロントスタッフたちがみんなでカレーをつくり、地元の人たちにふるまい、一緒になって食べる。

「これがクラブだよ」——その姿を見て、達海は語った。

これが後藤クラブだよ
ピッチに立ってプレーするのは11人……
でもそれだけじゃリーグ戦の長丁場は戦えない

ピッチに立ってプレーする11人だけでなく、ベンチ、フロント、サポーター、クラブに係わるたくさんの人たち……、全員が同じ方向を向いて、同じ気持ちで戦うことができれば、ETUはもっともっと強くなる——理想のクラブ像、チーム強化策を、達海はこう思い描いている（第10巻#89）。

あたり前のようですが、「チーム」というものを考えるときには、「誰がメンバーか」という問題があります。サッカーでいえば、

◉ピッチに立つレギュラー11人
◉サブの選手（＋ベンチに入っていない選手）
◉監督、コーチ、チームスタッフ
◉フロントスタッフ
◉スポンサー
◉サポーター
◉地域（ホームタウン）
◉サッカー界

といったところが、広義のステークホルダー（利害関係者）として考えられます。これらのステークホルダーすべてをハッピーにする、大きなチームをつくる力が「三方よし力」です。「三方よし」は近江商人の言葉で、商売をするうえでの大事な「あり方」を説いたものです。

売り手よし
買い手よし
世間よし

売り手が「自分さえ儲かればいい」という考えでいたのでは、商売は長続きしません。買い手もハッピーになるような商売をすることが大事です。さらには、当事者だけがよくても周囲の人（世の中）に迷惑をかけているような取引ではやはり長続きしないので、「世間よし」も不可欠だという考え方です。

達海の流儀――「三方よし力」編

達海は常に、「大きなチーム」のビジョンを描いています。選手、フロント、スポンサー、

三方よし力

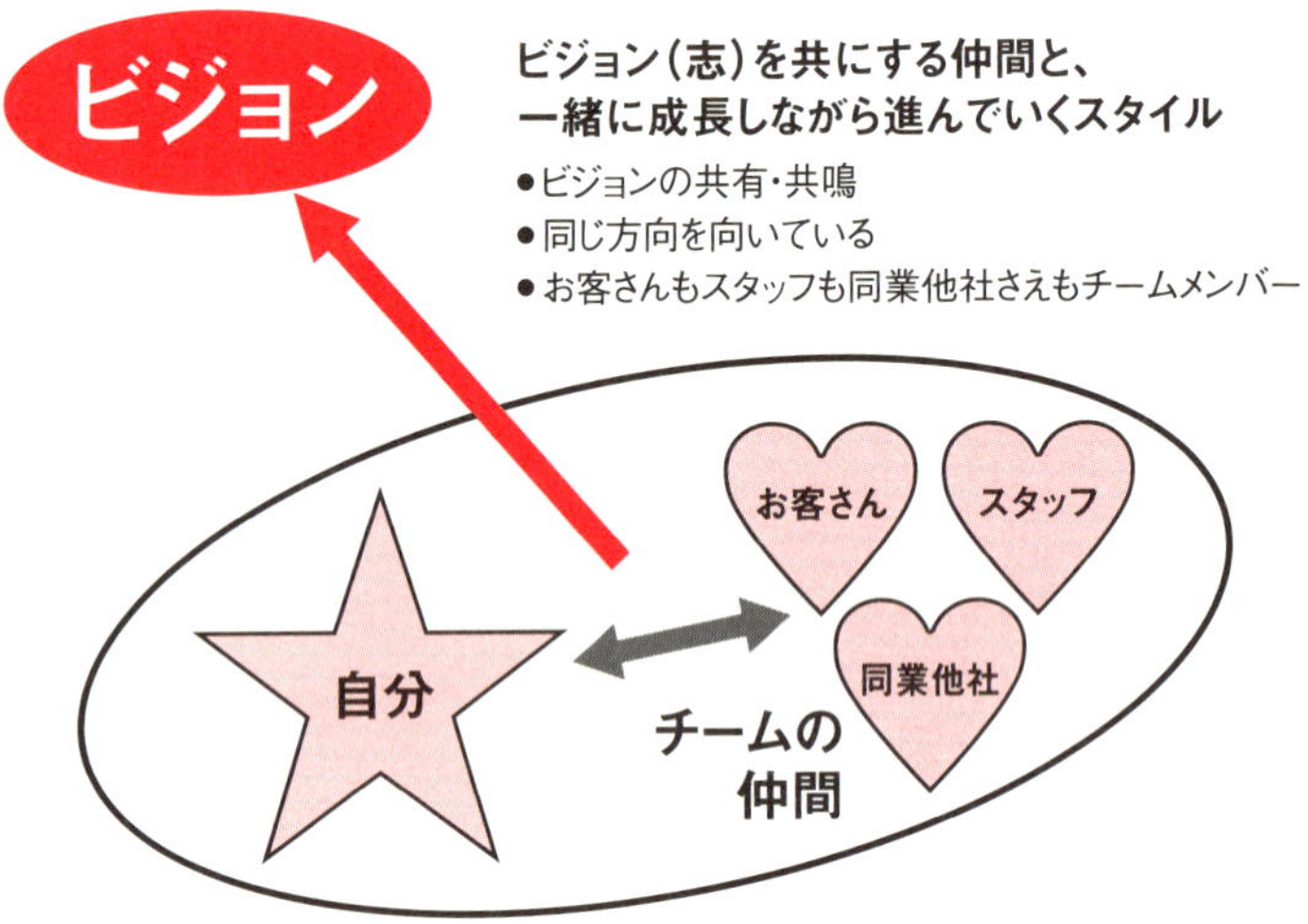
ビジョン
ビジョン（志）を共にする仲間と、
一緒に成長しながら進んでいくスタイル
●ビジョンの共有・共鳴
●同じ方向を向いている
●お客さんもスタッフも同業他社さえもチームメンバー
お客さん
スタッフ
同業他社
自分
チームの仲間

サポーター、地域（ホームタウン）すべてをメンバーとして含めた「地域密着型クラブ」としてのビジョンです。

注意したいのは、「地域密着（社会貢献）」というお題目を唱えながらも、単に「チケットを買う見込み客」としてしか見ていないクラブもあり得るということです。その点、達海は、地域の人たちを「同じチームのメンバー」として考えています。サッカーのある生活を通して、クラブ関係者と地域の人たちみんなが一緒に元気でハッピーになれる、そんなビジョンを理想として描いています。

すなわち、三方よし力というのは、「みんなが同じ方向を向くことができる、大きなビジョンを描くワザ」なのです。

事例として、手前ミソではありますが、私がJリーグのクラブ「ヴィッセル神戸」で楽天ショップを立ち上げたときのエピソードをご紹介します。

ヴィッセル神戸の楽天ショップを立ち上げるにあたり、コンセプトが「ヴィッセル神戸を応援しよう！」だと、ヴィッセルファン以外の人には来てもらえません。そこで、志高く、

「サッカーを文化に。サッカーのある生活を楽しもう」「Football is Entertainment!」

と決めました。

当時、チームに在籍していた三浦知良《みうらかずよし》選手が「サッカーを日本の文化に」と語るのを聞いて、共感していたことも影響しています。

楽天ショップの担当メンバーは当初、グッズを扱う部署だけでしたが、「サッカーを文化にする」ためにはグッズだけでは足りません。

そこで、ゲーム（スタジアム）を運営する部署やスポンサー営業部、広報宣伝部などのみな

さんにも加わってもらう形で、「なんかオモロイことできないか会議」をやりました。

出てきたアイデアが「スタジアムツアー」。試合前にスタジアム見学ツアーを開催するというサービスです。

選手のロッカールームや、ウォーミングアップをするスペースなど、ふだん見られない場所に入れたり、ケガなどで当日ベンチ入りしていない選手が途中で突然現れて、サインをしてくれたりします。

これをネットショップで発売したところ、すぐ満席に。ご参加いただいたみなさんの楽しそうな表情を写真に撮ったり、伺った感想をショップ発のメルマガでレポートすると、「ウチの子にも体験させたい！」という人が増えてきて、人気企画となったのでした。

トランスフォーミングなチームは生き物に近づく

トランスフォーミングなチームは、機械ではなく生き物に近づきます。

したがって、そこを目指すのであれば、フォーミングの段階から組織を機械のように扱ってはいけません。機械とは、「操作すべき対象」であり、計画、管理、統制、指示命令によって動かすものです。

生き物は、「動機」によって動きます。

最強の動機は、「面白いかどうか」です。

「面白いこと」のなかには、感動や共感が含まれます。チームのメンバーに感動・共感することで、信頼やアシストが生まれます。複雑につながりあったメンバー間でアシストが自動化することで、統合が進み、ひとつの生き物に「変態」する――これがチームの成長法則です。

小さなチームとしてトランスフォーミングに至ったあと、新たなメンバーを加えて大きなチームとしてのトランスフォーミングを目指すときは、ふたたびフォーミングからのスタートです。

『ジャイキリ』流スターモデル

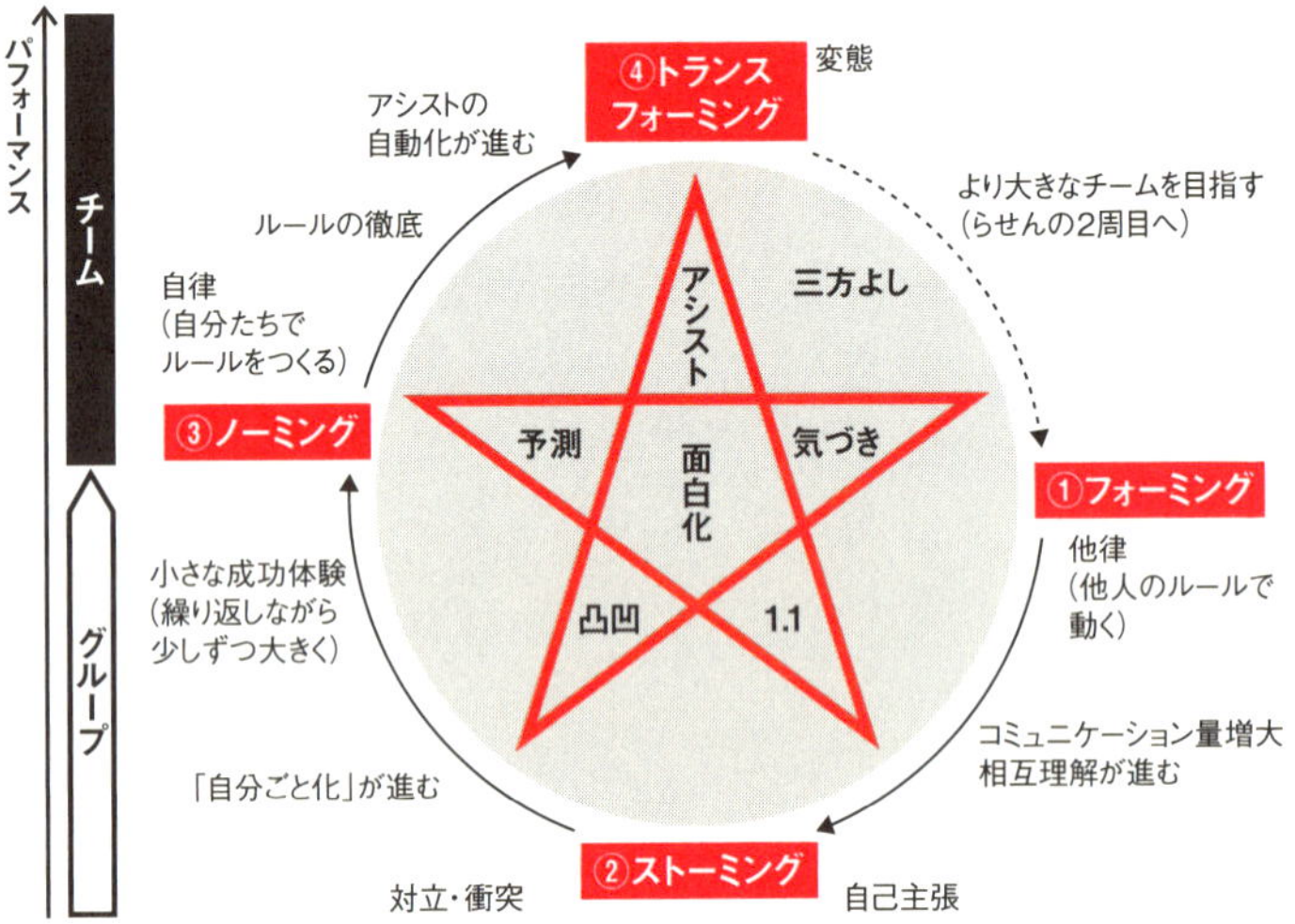

しかし、それは「振り出しに戻る」のとイコールではありません。らせん階段を上るように、すでに「次のステージのスタート地点」についているのです。

最後に、チームづくりのプロセスを俯瞰的にまとめてみたいと思います。名づけて、『ジャイキリ』流スターモデル」です。

人が集まれば「**フォーミング**」のスタート(図の右端の①)。

1・1コミュニケーションの量を増やすことで相互理解を促進し、「ここまでなら言っても大丈夫だな」と思えるようになって、自己主張をするメンバーが出始めます。

自己主張が対立・衝突する「**ストーミング**」

（図の下端の②）。

全体としてのパフォーマンスは低下しますが、自分のアイデアや意見を表明することで、やらされていた仕事が「自分ごと化」していきます。同時に、お互いの**凸凹**のうまい組み合わせが見つかっていき、小さな成功体験をゲット。それを繰り返しながら、少しずつ大きな成功体験を重ねていけるようになります。

それらの成功体験をもとに、自分たちに合ったルールをつくるのが「**ノーミング**」（図の左端の③）。

各自の凸凹を活かした役割分担が決まります。約束事を反復・徹底することで、お互いの**予測**可能性・**アシスト**可能性が高まり、チームとしてのパフォーマンスが発揮されるようになります。

そして、有機的につながりあったアシストの自動化が完成することで、チームがひとつの生き物に変態するのが「**トランスフォーミング**」（図の頂点の④）。

メンバー一人ひとりが変化に気づき、チームにフィードバックしながら、あうんの呼吸で動くことができる理想形です。チームとしての強みが最大限に発揮され、仕事が**面白くて**たまらなくなるため、夢中で遊んでいるように感じられます。

ただし、

トランスフォーミングは、永遠には続きません。

ビジョンを実現すると、チームとしての寿命をまっとうするからです。「生き物に近づいた」チームの、もうひとつの姿です。

それからのちには、何が待っているのでしょうか？

より大きな「**三方よし**」を実現するための、より大きなチームを目指すことによって、トランスフォーミングからフォーミングへ、らせん階段を上るようにシフトします。または、チームは解散し、メンバーそれぞれに新たなチームをつくるために旅立っていきます。

そして、それらのチームはきっと、いつの日かつながり合って大きなチームを形成するのです。

説明をわかりやすくするために、「4つの成長ステージ」と「チームワーク7つの力」をリンクさせながら紹介してきましたが、実際には、すべてのステージで7つの力を発揮できればベターです。

そういう意味で、『「ジャイキリ」流スターモデル」では、円周(4つの成長ステージ)と星印(チームワーク7つの力)をくっつけずに、あえて離してあります。各ステージを表す円のなかで、7つの力を表す☆がグルグル回転するイメージを思い描いてください。

おまけ　トルシエ、ジーコ、オシム——4ステージ視点で監督のタイプを比較する

『ジャイキリ』とは離れますが、かつてのサッカー日本代表監督のタイプ比較を、4ステージモデルにあてはめて考えてみると、「チームの成長法則」に対する理解を深めるのに役立ちそうです。トルシエ監督、ジーコ監督、オシム監督の3人を例に、考えてみましょう。

この3人のことをまったく知らない人は、読み飛ばしていただいてかまいません。

フランス人のフィリップ・トルシエ監督は、フォーミングステージでベストパフォーマンスを目指すタイプ。「俺の言うことを聞け」というスタイルです。

自分が用いるシステムはこれと決まっていて、そのフォーメーションにあてはまる選手を連れてきて、言うとおりに動かす、という感じ。「選手自身は考えなくてもよいサッカー」です。

結果としては、2002年ワールドカップ日韓大会でベスト16。代表チームが、チームづくりにあまり多くの時間をかけられないことを考えれば、比較的よい結果が出たことになります。

ただし、この「他律スタイル」のサッカーでは、それより上位を目指すことは難しいかもしれません。

そこで、サッカー協会は「選手自身が考えるサッカー」を目指して、ジーコ監督に白羽の矢を立てました。

ブラジル出身のジーコ監督は、高い理想を持つトランスフォーミング志向。

その理想とは、自身が現役だったときにトランスフォーミングでプレーできていたイメージ、すなわち「黄金の中盤カルテット」と呼ばれていた時代のブラジル代表のイメージでしょう。

実際に初陣では、日本代表の中盤を、中田英寿、中村俊輔、小野伸二、稲本潤一の人気選手4名で構成しました。日本代表に対しても、「みんながんばれば、あの黄金カルテットの境地に行けるよ」というスタンスを示したものと思われます。

しかし、その構想はうまくいきませんでした。理由としては、日本人が「フォーミング体質」なのが誤算だったと考えられます。

ジーコ監督は、鹿島アントラーズを率いていたときにはチームづくりにたっぷり時間を使えたので、ストーミングを乗り越えてチームになることに成功しました。

そもそも自らが鹿島で選手としてプレーしていた時代から一貫して、自分のサッカー観やプロフェッショナルとしての姿勢をチームメイトに伝道してきました。覇気のない仲間たちに向かってロッカールームで厳しく叱咤する姿も、VTRに残されています。まさに自らストーミングの状況をつくり出して、みんなで乗り越えてきたのです。

しかし、日本代表においては、華のある選手を集めて自由にさせる方針をとったために、逆に選手たちが遠慮し合う部分も多くなり、短期間ではストーミングまで至らなかったのではないかと想像します。

結果として、ジーコの日本代表は、2006年ワールドカップドイツ大会のグループリーグで、1勝もできずに敗退してしまいます。

そのあとを受けた旧ユーゴスラビア生まれのイビチャ・オシム監督は、チームづくりのステージアップを促進するタイプでした。

そのときどきのステージに合わせて、次のステージへうまく進みやすいように選手を導いていたイメージがあります。私が、個人的にオシムファンということもあるかもしれませんが（！）。

オシム監督は日本人の強みである運動量と俊敏さを活かすために、「考えて走るサッカー」を標榜します。そして最初は、「走って、走って、走れ」と言いました。走って走って走るとスペースができて、そのスペースをどう使うか、誰がそこへ走り込むか、というコミュニケーションの余地が生まれます。

つまり、ストーミングが起きやすくなります。立ち止まったままだとフォーミング状態が続くのに対して、選手が動くことによって「脱フォーミング」のアクションとなるのです。

オシム監督が率いたチームは、Jリーグのジェフ千葉にしても、日本代表にしても、連動性のあるプレーができるチームに変身し、格上のチームに脅威を与えられるまでに成長を遂げました。オシム監督が実現したこれら「ジャイアントキリングを起こし得るチーム」こそが、ノーミングに到達して100点を超えたチームなのです。

第4章のまとめ

- チームの究極の成長ステージでは、チームが「ひとつの生き物」に変態する。
- 上位のビジョンを目指すためには、「仲間の集め方」から変えていく。
- 「面白化力」で、相手の期待値を超え、面白価値（感動価値）をつくり出す。
- 「三方よし力」で、ステークホルダーみんなをハッピーにする「大きなチーム」をつくる。
- 組織を機械としてコントロールするのをやめて初めて、トランスフォーミングへの道が始まる。

やってみよう

★ウェブサイトの会社概要ページや会社説明会で、ビジョンや価値基準を語ってみる。
★いつもの業務に「非日常的な制約」をつけて、みんなでゲームとしてやってみる。
★『ジャイアントキリング』の読書会を開く。
★大事なのでもう一度書きます。『ジャイアントキリング』の読書会を開く。

おわりに

30年来のサッカー愛好者であり、「人生のほとんどのことはサッカーでたとえることができる」と思い込んでいる私にとって、この本を世に出せることは夢のような出来事です。

サッカーで仕事（ビジネス）を語れるだけでもうれしいのに、『ジャイアントキリング』という傑作と最高の形でコラボさせていただくことができて、本当に本当に幸せです。

大切な作品を快く提供してくださったツジトモ先生と綱本将也先生に深く感謝を申し上げます。『ジャイキリ』のストーリーをケーススタディにすることにより、おかげさまで私のチームビルディング理論に瑞々しい命が吹き込まれました。

この出版企画の決まり方は、何かに運ばれるようでした。

まず、私が主宰する「楽天大学チームビルディングプログラム」の1期生、矢沢志朗さんから「チームビルディングの必読書」として『ジャイキリ』が送られてきました。読み終わったタイミングで、私が所属する出版エージェントであるアップルシード・エージェンシーの会社設立9周年パーティーが開催されます。そこで出会った講談社の編集者、倉田卓史さんに、「いま、講談社さんの『ジャイキリ』にハマってるんです！」と伝えたところ、な、なんと！

「『ジャイキリ』の担当編集者は、僕の同期なんですよ」

という衝撃の一言が。

倉田さん自身がサッカー大好きなこともあり、話が盛り上がって、後日、『ジャイキリ』担当編集者の宍倉立哉さんとランチをご一緒させていただくことに。

『ジャイキリ』がいかにチームビルディング理論に適《かな》ったストーリー構成になっているか、パスタを口に入れるのも忘れてしゃべる私に、宍倉さんは「面白そうだから、何か一緒にできるといいですね」と言ってくれました。私は早速、『ジャイキリ』のどのシーンがどう理論にあてはまっているのかを書き出し、「『ジャイキリ』流チームビルディング講座」としてパワーポイントのスライドにまとめてみました。それを宍倉さんに見てもらったところ、

「ツジトモさんが息を吹き込んできたキャラクターたちの行動の意味づけがなされていて、『ジャイキリ』を再発見する面白さがあった」

というありがたいフィードバックをいただき、ツジトモ先生のOKも出て、この夢のような企画が決まったのでした。関わってくださったみなさんに改めて感謝です。

そもそもこのチャンスをつかむことができた大モトは、「楽天大学チームビルディングプログラム」のパートナーで、チームビルディングファシリテーターの長尾彰氏と出会えたおかげです。あきら、ありがとう！

ちなみに長尾氏は、文部科学省のプロジェクトで元サッカー日本代表監督・岡田武史さんとコラボして、チームビルディングを世の中に広める活動をしていたことがあります。相方が岡田監督なら、こっちは達海監督で勝負です（笑）。

そして、プログラムに参加してくれた百数十人の仲間たち。みなさんの試行錯誤と成果の事例があってこそ、今回のコンテンツをつくることができました。ありがとうございます！

また、その成長著しい仲間（楽天出店者）が活躍できるプラットフォームを生み出してくれた、三木谷浩史さんにも感謝します。

『ジャイアントキリング』の原画を使用させていただくにあたっては、「モーニング」編集部の吉原伸一郎さん、田岡洋祐さんに大変お世話になりました。厚くお礼申し上げます。

また、「『ジャイキリ』ファンのJリーガー情報」などで執筆時のテンションアップに貢献してくれた、ヴィッセル神戸の同僚で現・Jリーグ広報の岩元里奈さん。ありがとうございます！

そして、出版にあたって企画から編集まで絶妙に「アシスト力」を発揮してくれた講談社の倉田卓史さん、アップルシード・エージェンシーの宮原陽介さんにも感謝です。

最後に、執筆を応援してくれた妻と息子へ。いつも楽しいトークで盛り上げてくれてありがとう。これからもちょいちょいストーミングをしながら、いいチームを目指していきましょう。

この本や『ジャイキリ』を読んでワクワクしてきた方、よかったらメールをくださいい(nakayama48@gmail.com)。一緒に「世の中のフォーミンググループをチームに変えるプロジェクト」を立ち上げましょう！

２０１２年10月吉日

仲山 進也

仲山進也（なかやま・しんや）
楽天株式会社 楽天大学学長 ／ 仲山考材株式会社 代表取締役

慶應義塾大学法学部法律学科卒業。創業期（社員20名）の楽天株式会社へ入社。2000年に楽天市場出店者の学び合いの場「楽天大学」を設立、人にフォーカスした本質的・普遍的な考え方を伝えつつ、出店者コミュニティの醸成を手がける。組織開発ファシリテーターの長尾彰氏と共同開発した「チームビルディングプログラム」は、企業経営に劇的な変化を生み出すとの定評がある。2007年に楽天で唯一のフェロー風正社員となり、2008年には仲山考材株式会社を設立、オンラインコミュニティ型の学習プログラムを提供する。「ヴィッセル神戸」の経営への参画、「横浜F・マリノス」とのプロ契約によるコーチやジュニアユース向けの育成プログラム実施の経験も持つ。著書に、漫画『アオアシ』とコラボした『アオアシに学ぶ「考える葦」の育ち方』（小学館）、元サッカー日本代表・菊原志郎氏との共著『サッカーとビジネスのプロが明かす育成の本質』（徳間書店）など多数。

今《いま》いるメンバーで「大金星《だいきんぼし》」を挙《あ》げるチームの法則《ほうそく》
——『ジャイアントキリング』の流儀《りゅうぎ》

2012年10月22日　第1刷発行
2025年2月12日　第17刷発行

著　者　仲山進也《なかやましんや》
発行者　篠木和久
発行所　株式会社講談社
〒112-8001　東京都文京区音羽 2-12-21
電話　出版　03-5395-3524
販売　03-5395-5817
業務　03-5395-3615

KODANSHA

印刷所　TOPPAN株式会社
製本所　株式会社国宝社

ISBN978-4-06-218050-4

N.D.C.335 255p 19cm